부모 말하기 연습

부모 말하기 연습

초4부터 중3까지
건강한 사춘기를 위한 부모 수업

김하영 지음

[프롤로그]

'사춘기'가 두려운 부모에게

　사춘기는 주체성을 확립하고, 자신의 통제력을 키우며, 사회적 역할을 찾고, 자아 정체성과 성 정체성을 확립하는 시기다. 독립된 자아로서의 자신을 매우 중요하게 여겨 자신과는 가까워지지만 부모와는 거리를 둔다. 스스로를 탐구하면서 우울, 초조, 외로움, 불안, 분노 등 감정 변화가 커져 변덕이 심하고 정서적으로 불안하다. 그런 감정의 소용돌이 속에서 아이들은 인생의 주인으로서 주인의식도 갖춰야 한다.
　자신의 변화가 낯설고 힘든 아이들은 잔뜩 예민해진 채로 가족들에게 날을 세우며 '사춘기라서 그래'라는 핑계로 자신의 공격을 합리화한다. 부모도 불안정해진 아이들의 변화를 버거워하며 이 시기만 지나면 모든 것이 해결될 거라는 막연한 믿음으로 자녀의 사춘기를 회피하거나 방관하며 보낸다.

어쩌면 부모와 자녀 모두 사춘기를 겪으면서 느끼는 불안함과 두려움을 '이 시기만 지나면 다 괜찮아질 거야'라는 근거 없는 믿음으로 묻어두고 있는 건 아닐까.

인간은 누구나 부모의 보살핌과 보호에 의존하는 영유아기, 부모의 도움으로 자립을 준비하는 청소년기를 거쳐 성인이 된다. 청소년기까지 정서적 보호와 경제적 도움을 지원하고, 성인이 되면 자기 삶을 주체적으로 살아가도록 지켜봐주는 게 부모의 역할이다. 특히 아이들이 격변하는 사춘기 때 그 중요성은 더욱 커진다.

그런데 요즘 자녀의 사춘기를 혹독하게 겪는 가정이 많다. 등교 거부, 가출, 게임 중독, 폭력, 욕설, 폭식 등으로 자신을 괴롭히는 아이들이 늘고 있다. 착한 아이였는데 학교폭력 가해자가 되고, 모자람 없이 키웠다고 생각했는데 가출을 하거나 은둔자가 되고, 부모가 큰 소리로 화를 냈다는 이유로 학대신고를 하고, 창문 밖으로 몸을 던지는 일도 일어난다. 소설이나 드라마 속 이야기가 아니라 우리 주변의 이야기다.

아이가 사춘기를 지날 때 부모가 반드시 유념해야 하는 건 '정서 공백'이다. 정서 공백은 부모·자녀 관계에서 정서적인 교류가 없는 상태를 말한다. 부모는 영유아기의 정서 공백이 사춘기에 반항으로 나타나고, 사춘기의 정서 공백은 더 강력한 힘으로 인생 전반에 부정적 영향을 미친다는 것을 알아야 한다.

어느 날 우연히 경찰서 앞에서 마주친 일이다. 한 가족이 경찰서에서 나오고 있었다. 앞장서서 걷던 아버지가 걸음을 멈추고 아들을 돌아보며 소리를 질렀다.

"너, 도대체 뭐가 문제야. 밤낮으로 일해서 너 해달라는 대로 다 해주잖아. 다시는 안 한다고 약속했잖아!"

중학생으로 보이는 아들은 비스듬히 서서 고개 숙이고 있었다. 아버지는 간신히 화를 참고 있었고 엄마는 남편과 아들 사이에 서서 흐르는 눈물을 연신 닦을 뿐이었다.

이 모습을 보며 사춘기 자녀를 둔 많은 가족이 겪고 있는 상황이 아닐까 생각했다. 부모는 자녀를 위해 최선을 다한다고 생각하지만 자녀는 부모가 불편하고 불만이 가득하다. 부모에 대한 저항과 반항으로 자신을 지키려는 아이들. 문제가 발생한 후에 후회하며 눈물 흘리지만 자녀와의 어그러진 관계로 힘들어하는 부모. 이처럼 정서 공백으로 인한 문제는 부모, 자녀 모두에게 위험하다.

방문을 걸어 잠그고, 거친 말을 하고, 잔소리라며 대화하기 싫어하고, 짜증 내고, 눈을 흘기는 사춘기 아이들의 행동을 곰곰이 생각해보면 그동안 부모가 자녀에게 보여줬던 행동을 닮아 있는지도 모른다. 사춘기 전까지는 자녀가 부모의 눈치를 보며 살았지만 사춘기가 되면 부모가 자녀의 눈치를 보게 된다. 특히 정서적 공격을 많이 받은 아이들은 사춘기 때 힘의 이동을 이용해 부모를 정서적으로 공격한다.

자녀를 잘 키우려 최선을 다했을 뿐 일부러 아이를 힘들게 하려는 부모는 없다. 다만 잘못이 있다면 '부모'라는 역할에 대한 깊은 고민 없이 무의식에 기록된 부모의 모습대로 아이들을 대한 것이다. 즉, 자신이 부모에게 키워진 대로 아이를 대하거나 부모로부터 결핍된 것을 자녀에게 채우려 했던 것이다.

2022년 여름, 딸아이의 방문 앞에 '엄마 출입금지'라는 종이가 붙었다. 아이는 초등학교 6학년 겨울부터 방문을 닫았다. 문을 걸어 잠그고, 때때로 눈을 흘기기도 하는 행동을 '사춘기라서 그래'라고 나 역시 가볍게 여겼던 것 같다. 아이가 학교에 간 사이 화분에 물을 주고, 환기를 시킨다는 명분으로 방을 들락거리며 아이의 흔적을 훔쳐봤다. 아이를 존중한다는 뜻으로 노크를 하지만 대답할 틈도 없이 동시에 문을 열고 들이닥쳤다.

우리 모녀는 평상시 정서적 교감을 많이 하는 편이라 아이를 충분히 존중해왔다고 생각했기 때문에 그런 반응이 당황스럽고 억울하기도 했다. 속상한 마음을 가라앉히고 아이에게 '엄마 출입금지'라는 종이를 붙인 사연을 물었다. 아이는 자신을 위해 애쓰는 엄마에게 감사하지만 자기 인생에 함부로 들어오지 않았으면 좋겠다고, 자기 인생을 알아서 살 수 있게 존중해달라고 했다. '엄마 출입금지'는 힐끔힐끔 자신을 훔쳐보는 엄마로부터 자신의 영역을 지키려는 건전한 경고였다.

  아이의 조용한 저항을 통해 얻은 2가지 깨달음이 이 책을 쓰는 계기가 됐다. 첫째, 아이들은 사춘기가 되기 전에 자기를 지킬 힘을 키워야 한다. 자신을 지킬 힘이 있는 아이는 물리적 공간뿐만 아니라 어른이라는 이유만으로 간섭하려는 부모로부터 자기 인생을 보호할 수 있다. 이는 곧 불의나 불편함에 저항하고 스스로 인생을 꾸려나가고자 하는 의지를 갖는 것과 연결된다. 둘째, 사춘기에 접어든 자녀의 인생에 부모가 쉽게 개입할 수 없다는 점이다. 아이들은 이 시기를 통해 독립된 개체로서 자아를 구축해간다. 영유아기 때 무조건적으로 받아들이던 것들도 자신의 기준에 따라 비판적으로 반응하거나 선택적으로 수용한다. 따라서 아이에게 물려주고 싶은 것이 있다면 사춘기가 되기 전에 최선을 다해 알려줘야 한다.

'자기 인생은 자신이 책임져야 한다'는 진리는 절대 변하지 않는다. 부모의 인생은 부모 스스로, 자녀의 인생은 자녀 스스로 책임져야 한다. 이런 맥락에서 성공적인 자녀교육은 좋은 대학에 입학시키는 게 아니라 아이를 안전하게 정서적으로 자립시키는 것이다. 청소년기까지 부모 역할은 아이가 자립할 힘을 키우도록 돕는 것 하나면 충분하다. 자녀가 건강하게 자립하기 위해서는 부모의 안정적인 정서 지지가 필요한데 공감과 존중으로 정서적 지지를 받아온 아이는 사춘기가 되어도 부모에게 자신의 감정을 솔직하게 표현하고 대화로 소통을 이어간다. 따라서 이 책에서는 사춘기를 앞둔 자녀와의 정서 공백을 채우고, 유대관계를 잘 다지기 위한 방법을 알려주려 한다. 자녀와 올바른 소통을 위한 말하기 연습부터 자녀에게 삶의 태도를 길러주는 방법, 부모의 역할과 마음가짐을 돌아보는 시간까지 갖도록 도울 것이다.

부모 역할의 중요성은 이미 많은 전문가가 말해주고 있고, 나는 실천 전문가로서 일상에서 부모가 쉽게 적용할 수 있는 실전적인 방법들을 공유하고자 한다. 자녀를 키우는 같은 부모의 마음으로 이 책이 사춘기를 앞둔 자녀의 마음을 보듬어주고, 건강한 자립을 돕고자 하는 부모들이 자신의 온전한 역할을 찾는 데 도움이 되기를 진심으로 바란다.

목차

[프롤로그] '사춘기'가 두려운 부모에게　　4

1장
부모의 말하기 연습

부모에게 들어야 했던 말, 아이에게 들려줘야 하는 말

괜찮아?	16
그랬구나	23
어떻게 할 거니?	30
한번 해보는 거야, 아니면 말고	37
고마워	45
네가 결정하렴	53
어떤 삶을 살고 있을까?	61
재미있는 일이 있었니?	69
어떤 사람이랑 결혼할 거니?	76
건강하게 잘 크고 있구나	86
네 삶이 멋지다	93

2장

부모의 태도 연습

마음이 단단한 아이로 키우는 일상 태도

누구보다 자신을 잘 아는 아이로 키우기	102
원하는 것을 직접 요구할 수 있는 아이	108
행복한 학교생활은 자율성에서 시작된다	116
미루지 않고 곧바로 행동하게 만드는 대화법	122
스마트폰 교육은 빠를수록 좋다	129
책 속에서 길을 찾는 아이	138
부모의 솔직한 태도가 아이의 말문을 연다	144
딴짓은 아이의 세상을 풍성하게 만든다	152
아이의 의지를 높여주는 부모의 일상 태도	158
삶을 바꾸고 싶다면 책상 정리부터 시키자	165
자신과의 약속은 반드시 지키도록	171
올바른 성 관념을 심어주는 부모의 역할	178

부모의 마인드셋 연습

부모가 행복해야 아이도 행복하다

아이의 자신감을 키우는 부모의 작은 태도	186
스스로 삶을 꾸려가는 아이들	194
열등감으로부터 아이를 지키는 부모의 마음가짐	199
질문을 멈추지 않는 부모	207
자녀의 역할을 강요하지 마라	214
자신을 사랑해야 아이에게 사랑을 줄 수 있다	222
불필요한 걱정은 아이를 불안하게 한다	229
좋은 부모는 없다	235

[에필로그] 가장 소중한 이 순간을 놓치지 않기를   242

1장

부모의 말하기 연습

부모에게 들어야 했던 말,
아이에게 들려줘야 하는 말

괜찮아?

 같은 말이라도 부호가 다르면 문장의 의미가 달라지기도 한다. 특히 자녀에게 자주 사용하는 격려의 말 중에 '괜찮아'는 물음표로 끝날 때와 마침표로 끝날 때, 화자와 청자의 관계에 따라 의미가 다르게 해석된다. 물음표로 끝나는 "괜찮아?"가 존중과 위로의 언어라면 마침표로 끝나는 "괜찮아."는 감정을 단정 짓고 외면하는 언어다. 시험을 망쳐 울적할 때도, 친구와 싸워 속상할 때도 부모는 "괜찮아."라는 말로 아이의 마음을 다독이려 한다. 하지만 그 위로의 말은 부모의 의도와는 다르게 받아들여지는 경우가 많다. 아이 스스로 "괜찮아."라고 말하는 것은 자신에게 보내는 위로이지만, 타인에게 이 말을 들으면 자신의 감정을 무시한다고 생각할 수도 있다. 따라서 어떤 상황에서도 상대에게 위로와 존중의 마음을 담아 말하려면 "괜찮아?"처럼 물음표를 붙여야 한다. 감정이 어떤지 질문을 받으며 자란 아이는 자기 감정을 살필 줄 알게 된다.

✳ 감정을 무시하는 말, "괜찮아."

부모 입장에서는 자녀가 의기소침해 있는 것보다 "괜찮아."라는 단정적인 말로 속마음을 숨기고 아무 일 없는 듯이 지내는 게 좋아보일 수 있다. 하지만 이런 상황은 감정을 무시하거나 외면해 부모의 바람과는 달리 아이는 문제를 해결하려는 의지를 잃고 회피하게 된다. 회피는 순간적으로 안정감을 줄 수 있지만 감정이 해소되진 못한다. 이것은 훗날 감정을 건드리는 상황이 일어났을 때 또다시 무의식적으로 해결하기보다 회피를 선택하게 만든다.

문제는 자기 감정을 살피지 못하게 되면 문제의식에도 영향을 미친다는 점이다. 초등 저학년까지는 문제의식이 낮아도 별 문제가 없다. 하지만 사춘기에 접어들면 얘기는 달라진다.

한 중학교 1학년 여학생이 수업 시간 중에 자리를 떠나 사물함에 있는 거울을 보고 왔고, 이로 인해 선생님께 태도를 지도받았다. 그러나 이 학생은 "거울 보는 게 뭐가 문제냐, 선생님의 지도가 잘못됐다."라며 항의했다. 자기는 거울을 보고 싶었기 때문에 본 것일 뿐 문제가 없다는 것이다. 아이는 자신의 행동에 대한 문제의식이 없었다.

이처럼 요즘 문제를 인식하는 능력이 떨어지는 아이들이 많아지고 있다. 문제 인식 능력은 자기 감정을 살피고, 해결 방법을 모색하는 경험이 쌓일 때 높아진다. 괜찮지 않은 것을 "괜찮다."라는 말로 덮어두면 겉으로는 문제가 없어 보일지라도 해결되지 않은 감정은 마음 깊은 곳에 고인다. 수업 시간에 교사의 동의 없이 자리를 이동해 거울을 보는 것이 괜찮은 행동이 되고 만다.

더 큰 문제는 자기 감정을 돌볼 줄 모르는 아이들은 타인의 감정도 헤아리지 못한다는 것이다. 자신의 감정을 "괜찮다."라는 말로 외면하는 것처럼 다른 사람의 감정도 그런 방식으로 외면해버린다.

✻ 마음을 돌아보는 말,
　"괜찮아?"

　학교에서 시험을 본 어느 날 아이가 힘없는 발걸음으로 집에 돌아왔다. 전날 밤 늦게까지 공부하며 꽤 자신 있어 보였는데 시험을 망친 모양이었다. 잔뜩 풀이 죽은 아이가 걱정스러워 대화를 나눴다.

엄마: 괜찮아?
자녀: 아니요. 친구들은 90점 이상인데 저만 점수가 낮아서 불안하고 부끄러웠어요.
엄마: 불안하고 부끄러웠구나. 무엇 때문에 불안했니?
자녀: 친구들은 공부를 잘하는데 나만 뒤처지는 것 같아서요.
엄마: 엄마도 학창시절에는 불안할 때가 종종 있었어. 지금도 내 처지를 다른 사람과 비교하면 불안하고 부끄럽기도 해. 어떻게 하면 괜찮아질까?
자녀: 더 공부해서 다음에 잘 봐야죠.
엄마: 그러면 되겠네. 엄마 도움이 필요하면 말해줘. 적극 도와줄게.

"괜찮아?"라고 질문을 받으면 아이는 질문에 답하기 위해 자기가 괜찮은 건지, 괜찮지 않다면 왜 그런지 원인을 찾게 된다. 그다음 어떻게 하면 감정이 해소될지 다시 물어보고, 아이 스스로 답을 찾도록 돕는다. 결국 자녀에게 도움되는 것은 감정을 단정 짓고 상황을 끝내는 말이 아니다. 지금 내 기분이 어떤지 마음을 들여다보고 스스로 해결해나가도록 돕는 길잡이 역할을 해줘야 한다.

딸아이가 어느 날 "아이들이 잘못했을 때 선진국 부모들은 '괜찮아?'라고 물어주고, 우리나라는 '잘한다. 잘해'라며 비난하거나 혼을 낸대요. 엄마는 '괜찮아?'라고 물어보잖아요. 참 괜찮은 엄마를 만나서 나는 행운아예요."라고 말했다.

지금 부모 세대는 자신의 부모로부터 감정을 돌아보기 위한 질문을 받은 경험이 많지 않다. "괜찮아?"보다 "괜찮아."를 많이 듣고 자랐다. 부모로부터 감정을 지지받지 못하고 외면당하면 아이들 스스로도 자기 감정을 외면하게 된다. 나 역시 부모에게 들어야 했던 말이지만 듣지 못해 나 자신에게도 들려주지 못한 말이 많다. 하지만 내 아이에게만큼은 의도적으로 연습해서 "괜찮아?"라고 묻는다. 자녀를 위한 의도적인 노력이 쌓여 습관이 되면 마침내 부모 스스로 자신에게도 "괜찮아?"라고 물어보게 된다.

감정을 알아차리는 것만으로도 부정적 정서는 사그라들고 이성적 사고를 하게 된다. 어떻게 하면 괜찮아질지를 생각하게 된다. 물음표 "괜찮아?"는 아이 인생에 존중과 위로를 더해주고 자기 감정을 살피는 조명이 된다.

SOLUTION
자녀를 존중하는 말 연습하기

자녀와 대화할 때 부모가 잊지 말아야 할 핵심은 '주권 존중'이다. 자녀의 주권이 상실된 대화에서는 부모가 자녀의 말을 듣고 상황을 '판단'하고 해결 방안을 '제시'하는 단계로 대화가 이뤄진다. 하지만 자녀와의 대화는 문제를 안고 있는 주인의 말을 '경청'하고 '질문'을 던져 스스로 문제를 해결할 수 있도록 흘러가야 한다. '네가 문제의 주인이며 부모는 문제를 해결하려는 너를 돕겠다'라는 부모의 태도에서 아이는 존중과 지지를 느끼고 스스로를 돌볼 수 있는 아이로 자란다.

▶ **자녀의 주권이 상실된 '판단'과 '제시'하는 대화 자제하기**
　(예) "그건 아니지, ○○○ 했어야지. 다음에는 ○○○ 해봐."
　　　"○○ 해봐, 괜찮아. 사소한 일에 신경 쓰지 마."

▶ **'경청'하며 자녀의 말에 맞장구치기**
　(예) "그래서 어떻게 됐어?"

1장 | 부모의 말하기 연습

"그랬구나."
"그렇지, 그랬겠다."

▶ '질문'을 던져 해결 방법을 스스로 생각해보게 하기

　㉠ "어떻게 하고 싶어?"

　　"어떻게 할 거야?"

　　"괜찮아?"

　　"무엇을 도와줄까?"

　　"엄마 생각을 말해줄까?"

　　"엄마의 경험을 들려줄까?"

그랬구나

 "그랬구나."라는 공감을 담은 이 짧은 한마디를 부모들은 쉽게 말하지 못한다. 특히 자녀들 앞에서는 더 그렇다. 자녀는 부모에게 '공감'을 바라지만 부모는 아이에게 '가르침'을 주는 것이 더 중요하다고 생각하기 때문이다.

 부모들이 공감의 말을 쉽게 하지 못하는 데는 이유가 있다. 지금 세대의 부모들은 부모·자녀의 관계가 수직적인 환경에서 자랐다. 그런 환경에서는 어른의 말을 조용히 듣고 무조건 따르는 게 공경이며 예의였다. 부모들의 무의식에는 공감보다 명령, 지시, 지도, 조언의 가르침이 기록되어 있다. 사람은 자기의 경험을 무의식에 저장해두고 비슷한 상황에서 경험한 대로 반응한다. 즉, 과거의 경험에 기대어 현재를 산다.

또 하나의 이유는 공감이 허용이라고 착각하기 때문이다. 가르침이 빠진 공감으로 자녀가 무례하거나 예의가 없어질 것 같아 불안한 것이다. 그래서 부모들은 공감의 "그랬구나." 보다 '그런데' '그렇지만' '그렇다고' '그래서' 등 가르침의 접속사에 익숙하고 무의식적으로 사용한다.

하지만 공감이 곧 허용을 의미하지는 않는다. 공감은 상대방과 나의 다름이 수용된 상태에서만 가능하다. 수용은 다름을 있는 그대로 인정하는 것으로 아이의 감정과 생각은 수용하되 잘못된 행동은 지도를 통해 바로잡아야 한다.

공감보다 가르침을 많이 받고 자란 아이는 타인의 말이 맞는지 틀린지를 분석하고 판단해 가르치려 한다. 또 부모의 가르침은 아이가 틀렸다는 걸 전제로 하기에 아이의 자기 방어 기제를 강하게 만들어 핑계, 거짓말, 혼잣말, 비난, 험담, 공격적인 말 등으로 자기를 지키려는 데 에너지를 쓰게 된다.

사실 가장 훌륭한 가르침은 스스로 깨닫게 하는 것이다. 사람은 자기 감정이 수용되고 공감받을 때 자기 성찰을 한다. 자기 성찰이 있어야 깨달음이 있고 깨달음은 곧 성장의 동력이 된다.

자기 성찰을 하는 아이들은 부모의 가르침이 아닌 스스로의 깨달음을 통해 성장하며 주도적인 삶을 살아간다.

✱ 공감에 익숙한 아이

원래 착했던 아이가 사춘기라서, 친구를 잘못 만나서 말썽을 부린다고 많은 부모가 생각한다. 그러면서 사춘기만 지나가면 다 해결될 거라고 믿는다. 하지만 아이가 드러내지 않아 부모가 알아차리지 못할 뿐 해결되지 않은 부정적인 감정은 아이의 마음에 남아 있다.

초등기 아이들에게 중요한 것은 어른처럼 먹고 사는 문제가 아니라 '재미'이다. 친구와 어울려 노는 게 재미있느냐 없느냐, 학교가 재미있느냐 없느냐, 공부가 재미있느냐 없느냐가 가장 중요하다. 그런데 많은 부모가 자기 생각에 휘둘려 자녀의 마음을 외면한다. 이렇게 단순하고 순수한 아이의 마음을 보지 못하는 것은 부모의 잘못이다.

화산 폭발은 단기간에 일어나지 않는다. 땅속 깊은 곳 마그마에 오랜 시간 압력이 가해지면 지표면을 뚫고 마그마가 분출하게 된다. 아이의 감정 폭발은 사춘기여서 일어나는 것이 아니다. 어린 시절부터 오랫동안 가해진 압력으로 인해 버티지 못하고 폭발하는 것이다. 공감과 수용의 말을 듣고 자란 아이는 자기 마음을 안전하게 부모에게 드러내 보인다. 자신에게 가해지는 압력을 숨기지 않고 드러내 해결한다. 살다 보면 어떤 방식으로든 마음에 압력이 가해진다. 하지만 그때마다 아이의 마음을 공감하고 표현해주면 폭발을 예방할 수 있다.

국어사전에 공감은 '남의 감정, 의견, 주장 따위에 대하여 자기도 그렇다고 느낌. 또는 그렇게 느끼는 기분'이라고 정의되어 있다. 공감이 체화되지 않은 부모들은 마음속 깊이 우러나는 진짜 공감을 하기 어렵다. 이를 바꾸기 위해서는 의식적으로 노력해야 한다. 대화법 이론에서는 진심 없이 가짜 공감을 하는 대화는 옳은 방법이 아니라고 한다. 하지만 이론과 실제는 다르다. 대화법 전문가인 나도 실생활에서 이론대로만 대화하지 못한다. 현실에서는 이론보다 마음을 따라야 소통할 수 있다. 가짜 공감이라도 계속하다 보면 익숙해지고, 무의식에 새롭게 기록된다.

그러나 현실에서는 "그랬구나."보다 "그건 아니지, 네가 잘못했네." 하는 가르침이 먼저 나올 때가 많다. 그럼에도 의식적으로 공감을 많이 해주면 아이는 "나는 지금 엄마의 공감이 필요해요. 문제는 제가 해결한다고요."라며 감정을 표현하고, 스스로 문제를 해결하고, 마음을 지키는 힘을 기르게 된다. 다음은 학교에서 있었던 일에 대해 아이와 나눈 대화다.

> 딸: 학교에서 짜증나는 일이 있었어요. 벌점은 행동을 변화시키려고 주는 거 아니에요? 선생님들 마음대로 벌점을 주면 공정하지 않잖아요.
>
> 엄마: 그런 일이 있었구나. 학교에서 벌점 받았니?
>
> 딸: 네. 월담했다고 벌점 받았어요. 아무도 나에게 교문으로만 다녀야 한다고 말하지 않았어요. 급할 때는 담을 넘을 수도 있는 거 아니에요? 선생님이 보셨기 때문에 봐 줄 수 없대요. 선생님에 따라 벌점을 주기도 하고 눈감아 주기도 하면 선생님 눈을 피해 가면서 규칙을 안 지켜도 된다고 가르치는 거나 마찬가지잖아요.
>
> 엄마: 네 말을 듣고 보니 그렇게 생각할 수 있겠다. 오늘 급한 일이 있었니?
>
> 딸: 교무으로 돌아서 가면 버스를 놓칠 것 같아 담 넘어서 간신히 버스를 탔어요.
>
> 엄마: 그랬구나. 오늘 사고가 없어서 다행이다. 그런데 벌점을 받고 안 받는 문제를 떠나서 월담에 벌점을 가장 높게 두

는 이유가 뭔지 아니? 너처럼 버스를 타려고 담을 넘어 도로를 가로질러 뛰어가다가 교통사고가 많이 발생하거든. 버스 놓치는 것보다 네 안전을 지키지 못하는 게 더 슬픈 일이잖아.

이후에 아이의 억울한 감정이 사그러질 때까지 위와 같은 대화로 공감하려고 노력했다. 하지만 조급한 마음에 '그런데'라고 학교 입장에서는 그럴 수밖에 없다고 한 가르침이 아이의 억울함을 키워 의도적으로 더 많이 공감해야 했다. 대화 후에는 벌점을 받아야 하는 상황이었음을 아이는 잘 받아들였다. 자신의 감정을 돌아본 뒤, 버스를 타기 위해 자기 안전을 지키지 못한 행동을 성찰했고 스스로 문제를 해결했다.

만약에 아이가 마음이 불편한 상황을 드러냈을 때 존중(수용, 공감)보다 가르침이 먼저였다면 문을 쾅 닫고 방으로 들어갔을 것이다. 처음에는 방문을 닫는 것으로 끝이지만 그런 일이 반복되면 결국 마음의 문을 닫는다.

SOLUTION

선수용 후지도 원칙 기억하기

부모는 이해할 수 없는 행동이라도 아이들에게는 나름의 이유가 있다. 대화에서 아이의 진짜 마음을 알기 위해서는 '선수용 후지도' 원칙이 필요하다.

▶ '이유' 파악하기

행동, 즉 '결과'에 집중하면 아이를 지도하려는 욕구가 커진다. 아이가 왜 그런 행동을 했는지 '이유'에 집중하면 아이의 감정에 공감하고 "그랬구나." 하고 수용하기 쉬워진다.

▶ 먼저 공감하기

그런 행동을 할 수밖에 없었던 상황이나 감정에 공감을 먼저 해주면 아이 스스로 변하고자 하는 동기가 발현되기 쉽다. 기억하자. '선수용 후지도' 원칙.

어떻게 할 거니?

부모와 자녀, 각자 입장에서 잔소리의 정의는 달라진다. 부모 입장에서는 잘되라는 가르침이고, 자녀 입장에서는 사전적 정의 그대로 '쓸데없이 자질구레한 말을 늘어놓음. 필요 이상으로 듣기 싫게 꾸짖거나 참견함'이다.

자아가 약한 영유아기의 아이는 부모가 잔소리하는 대로 듣고 있지만 자아가 강해지는 사춘기에는 "알았어요. 알았다고요."라며 말허리를 자른다. 듣기 싫으니 그만하라는 뜻이다. 부모는 자녀에게로 이동한 힘을 다시 끌어오기 위해 버릇없는 말투와 태도를 나무란다. 여기서 상황이 마무리되면 좋겠지만 사춘기 아이는 자신의 짜증을 문에 분풀이한다. 힘겨루기에서 밀리고 싶지 않은 자존심에 부모는 자녀를 다시 불러내 혼낸다.

이런 상황이 반복되면 아이들은 생존 법칙에 의해 부모의 잔소리에서 빨리 벗어나는 법을 터득한다. 잔소리에 무조건 침묵하거나 "네, 알겠어요."라고 단답하며 그 상황에서 빨리 벗어나기만 바란다. 그리고 자신의 모든 감정과 생각은 안으로 쌓아둔다. 그렇게 해결되지 않은 채 쌓아둔 생각과 감정은 부모의 눈을 피해 물건이나 친구 혹은 스마트폰에 푼다. 그리고 이때부터 부모·자녀 간의 정서적 단절이 시작된다.

✱ 잔소리 중독에 빠진 부모들

어느 날, 딸아이가 잔소리를 줄여달라고 요구했다. 꼭 잔소리를 해야 한다면 핵심만 말해주면 좋겠다고 했다. 엄마의 잔소리를 어떤 마음으로 받아들이는지 궁금해서 그런 요구를 한 이유를 물었다. 초등학교 저학년까지는 잔소리가 무서웠는데 자주 듣다 보니 엄마의 말이 길어지면 귓속에 있는 문이 저절로 닫히고, 지루해져서 다른 생각을 하게 된다고 했다. 중학생이 되어 듣는 잔소리는 사실과 다르게 엄마 마음대로 생각하고 자신을 무시하는 것 같아서 듣기 싫고 화가 난다고 했다.

습관적인 잔소리는 무익하다는 것을 알지만 끊기가 어렵다. 나름대로 노력은 하지만 입을 닫은 지 며칠 만에 심각한 금단 현상으로 더 많은 잔소리를 쏟아내버린다. 그나마 잔소리를 해서 뭐라도 했던 것 같은데 잔소리를 안 하니 아이가 더 게으름을 피우는 것만 같다. 이런 현상은 일반적인 잔소리 중독 증상이다. 자녀의 행동 변화와 관계없이 잔소리를 안 하면 불안하고, 잔소리를 하면 안심이 되는 것이다.

✱ 스스로 움직이게 만드는 마법 주문

행동의 변화는 외부의 압력보다 내적 동기가 있을 때 가장 빠르고 확실하게 나타난다. 사춘기에는 자의식이 높아져 구속이나 간섭을 싫어하며 반항적인 태도로 치닫는 일이 많고 정서적으로 불안정해진다. 부모의 말이 옳던 그르던 모두 구속이나 간섭으로 여긴다.

부모로서 가르칠 것은 가르치되 자녀의 내적 동기를 자극해 스스로 행동하도록 하는 말이 있다. "어떻게 할 거니?" 이 질문을 통해 사춘기 아이는 책임감을 갖게 되고, 자의식에 권위를 부여받는다.

요리가 취미인 아이가 있다. 아이들이 요리하고 나면 뒤처리를 해야 하기 때문에 부모는 아이의 취미가 반갑지만은 않다. 그래서 즐겁게 요리하고, 음식을 맛있게 먹고 있는 아이에게 자꾸 잔소리를 하게 된다. 엄마의 잔소리에 기분이 나빠진 아이는 "아, 할 거예요. 하려고 했어요."라며 짜증을 낸다. 불손한 태도에 화가 난 엄마는 바로바로 정리하지 않을 거면 앞으로 요리하지 말라고 협박한다. 엄마의 협박에 아이는 방으로 들어가면서 쾅 하고 문을 닫아버린다. 버릇없는 행동에 엄마는 다시 아이를 불러내 혼을 낸다. 이 같은 상황이 반복되면 자녀는 좋아하는 것을 포기하고 부모와도 거리를 두게 된다.

이런 상황에서 "어떻게 할 거니?"라는 한마디는 부모와 자녀가 좋은 유대관계를 유지하면서 자녀가 스스로 행동하도록 상황을 바꾼다.

엄마: 맛있는거 해 먹었구나. 뒤처리는 어떻게 할 거니?
딸: 먹고 할 거예요.

엄마: 그래. 아무 일도 없었던 것처럼 깔끔하게 부탁해.
	
딸: 네.

다 먹고 뒷정리를 한다더니 막상 아이는 다른 일을 하며 키득거리고 있다. 엄마가 주방을 써야 해서 기다리지 못할 때는 상황을 말해주면 된다.

엄마: 지금 식사 준비 때문에 주방을 써야 해. 맛있게 먹는데 미안하지만 정리 먼저 해주면 좋겠어.

아이에게 권위를 부여하면 타인이 공손하게 부탁할 때 들어주려는 심리가 생겨 대개는 바로 정리한다. 하지만 아이도 기분에 따라 자기가 알아서 할 테니 그냥 두고 식사 준비를 하라며 억지를 부릴 때가 있다. 아이들 머릿속에는 큰 지우개가 있는 것처럼 엄마와의 약속은 까맣게 잊고 다른 일을 하기도 한다. 그럴 때는 다시 한번 "어떻게 할 거니?"라고 상기시킨다.

엄마: 다 먹고 뒤처리한다고 했는데 아직 그대로 있네. 언제 할 거니? 엄마가 주로 사용하는 공간이 지저분해져 있는 게 싫은데 빨리 치워주면 좋겠어.

부모의 말이 간섭이나 구속, 외부 압력으로 여겨지면 자녀는 마음과 생각의 문을 닫는다. 다양하고 깊은 생각을 꽃 피워야 할 시기에 생각의 문을 닫는 건 바다를 항해하는 배의 선장이 나침반을 잃어버리는 것과 같다. 인생의 나침반이나 지도가 없으면 이리저리 갈 길을 몰라 헤매게 된다.

"어떻게 할 거니?"는 배려의 말이기도 하다. 배려받은 아이가 배려할 줄 아는 사람으로 자란다. 나 역시 딸아이가 "엄마는 어떻게 하실 거예요?"라고 물을 때 배려받는 기분이다. 이런 행복은 부모로서 내가 먼저 자녀를 배려했기 때문에 수확할 수 있는 달콤한 열매다.

부모가 "어떻게 할 거니?"라고 물으면 자녀는 '어떻게 해야 하지?'라고 자신에게 질문하며 스스로 답을 찾게 된다. 자신의 노력으로 찾은 답은 행동으로 바로 이어질 확률이 높다. 자기가 생각하고 결정한 것이 실패했을 때는 인정하고 극복하고 해결하려는 책임감이 생긴다. 아이들에게 필요한 건 신뢰와 기다림이다. 자녀가 부모의 배려와 지지 속에 책임감을 가진 사람으로 성장할 수 있도록 믿고 기다려주자. 그것이 우리 부모의 역할이다.

SOLUTION

'배려'와 '추궁'의 말 구별하기

겉으로 보기에는 똑같아 보이지만 속뜻이 다른 말이 있다. "어떻게 할 거니?"라는 질문은 아이의 의사를 묻는 '배려'의 말이 될 수도, 아이를 '추궁'하는 말이 될 수도 있다. 이를 명확히 분별해야 한다.

▶ **추궁하는 말**

자녀의 문제를 '지적'하고 책임을 추궁한다.

예) "스마트폰 30분만 사용하기로 네가 결정해놓고 자꾸 어기면 어떻게 할 거니?"

"스마트폰 사용 시간을 안 지키는 거 아빠가 알면 어떻게 할 거니?"

"그렇게 스마트폰만 하다 성적 떨어지면 어떻게 할 거니?"

▶ **배려하는 말**

자녀가 간과하고 있던 문제를 인식하도록 명확히 짚어주고 어떻게 할 것인지 스스로 생각하도록 한다. 단, 문제를 제시할 때는 정확하고 구체적이어야 한다.

예) "스마트폰은 30분만 사용하기로 네가 결정했잖아. 월요일은 50분, 화요일은 1시간 사용했지. 엄마는 약속을 안 지키는 걸 그냥 두고 볼 수 없어. 이 문제를 어떻게 할 거니?"

한번 해보는 거야,
아니면 말고

유치원 교사 시절 아이들에게 가르쳤던 동요 중에 〈넌 할 수 있어라고 말해 주세요〉를 특히 좋아했다. 내가 좋아해서 아이들에게 자주 들려주었고 이 노래를 들으면 가능성을 응원받고, 나를 믿어주는 기분이 들었다. "넌 할 수 있어."라고 말해주면 아이들은 무엇이든지 할 수 있을 것만 같았다.

영유아들은 실패에 대한 두려움 없이 무엇이든 호기심을 갖고 탐구하려는 특성이 있다. 어린아이들은 실패를 두려워하는 것이 아니라 자기 행동에 대한 부모의 부정적인 반응에 두려움을 느낀다. 새로운 걸 시도하려는 아이에게 부모의 "넌 할 수 있어."라는 긍정적인 반응은 용기를 주는 말이 된다.

그런데 이 응원의 말이 책임져야 할 일이 많아진 후부터 다르게 느껴졌다. 어릴 때부터 '착한 딸'이라는 책임을 안고 살았는데 어른이 되고 보니 책임져야 할 착한 역할이 더 많아진 것이다. 착한 딸, 착한 직장인, 착한 며느리, 착한 아내, 착한 엄마라는 역할에 따른 책임과 불안한 마음도 '넌 할 수 있어'라는 말로 억눌렀다. 그리고 나 스스로 착한 사람으로 인정받고 싶었다. 그러다 어느 날 아이를 통해 그 말의 중압감을 깨닫게 됐다.

✱ 기대에 부응할 수 있을까

초등 6년 동안 교육 전문가인 엄마의 영향으로 아이는 독서, 토론, 글쓰기 공부에 집중했고 그 분야에서는 또래보다 실력이 뛰어났다. 학교에서 토론이나 논쟁을 할 때 친구들에게 "○○이는 이길 수 없어."라는 말을 자주 듣는다고 했다. 주변의 반응은 아이에게 토론과 발표 능력이 뛰어나다는 자부심을 심어줬다.

그러던 중학교 1학년 어느 날, 국어시간에 토론 수업이 예정

돼 있었다. 주말 동안 아이는 엄마와 토론 연습을 하며 열심히 준비했다. 수업이 있는 날 아침에는 실수할까 걱정하는 아이에게 "넌 할 수 있어."라고 응원도 해줬다. 나는 당연히 아이가 무사히 토론 수업을 잘 마칠 거라 생각했다. 그런데 너무 긴장한 나머지 아이는 사시나무 떨듯이 떨면서 준비한 말을 잊어버리고 토론을 완전히 망쳤다고 했다. 평상시 친구들이 긴장한 친구에게 "떨지 마, 넌 할 수 있어."라고 응원하는데 그 말조차 해주지 못할 만큼 떨었고 사람들의 기대에 부응해야 한다는 중압감이 컸다고도 했다.

아이는 토론뿐만 아니라 글쓰기를 멀리한 적도 있었다. 어릴 때부터 이어온 독서교육 덕에 아이는 글쓰기를 좋아하고 또 잘했다. 그러다 보니 엄마의 마음으로 욕심이 났다. 부모교육 강의에서 "아이의 재능을 살려야 한다는 오류에 빠지지 마세요."라고 말하면서 나 역시 엄마인지라 욕심이 났고, 글쓰기 대회에 내보내 아이의 실력을 인정받고 싶었다. 하지만 아이의 바람이 아닌 엄마의 기대감으로 대회 도전을 부추긴 결과, 아이는 글쓰기를 멀리하게 됐다. 하루 종일 글을 쓰고, 자기가 쓴 글을 읽는 걸 좋아하던 아이가 글쓰기를 멈췄다. 글을 쓰더라도 엄마에게는 숨겼다. 그때 아이가 했던 말과 토론을 망치고 나서 했던 말이 같았다. 모두가 기대하는 눈빛으로 자신을 보는 것이 부담스러웠고, 기대에 부응할 수 있을지 자신이 없었다고 했다.

✱ "넌 할 수 있어."
기대를 가장한 구속

이제는 마음공부를 하며 알게 된 중압감에서 자신을 해방시키는 말을 아이에게 들려준다. 바로 "한번 해봐, 아니면 말고."라는 말이다. 이 말은 능력을 기대하는 구속으로부터 해방시켜 도전을 쉽게 받아들이게 한다. 요즘 아이들은 경제적으로 풍요로워진 부모로부터 모든 것을 잘하도록 키워진다. 부모는 아이의 가능성을 발견하기 전부터 능력을 기대한다. 그때부터 "넌 할 수 있어."라는 말은 응원이 아닌 기대의 탈을 쓴 '구속'이 된다.

이제는 아이가 타인에게 인정받고 싶은 마음으로 인해 도전을 망설일 때는 도전 자체를 즐길 수 있도록 격려하며 결과에 대한 중압감을 낮춰준다. 목표를 성취하고 싶어 할 때는 그동안의 노력을 격려하여 끝까지 해내는 경험을 응원한다. 아이들은 도전 자체가 성공의 밑거름이며 타인에게 인정받을 만한 일인 걸 아직 모른다. 그래서 부모가 '도전하는 과정에는 반드시 배움이 있고 무엇이든 시도하는 것만으로도 가치 있는 일이다' 라는 메시지로 도전을 응원해야 한다.

엄마: 지금은 마음이 어때? 잘하고 싶어 아니면 끝까지 해내고 싶어?
딸: 잘하고 싶어요.
엄마: 왜 잘하고 싶은데?
딸: 잘하면 좋잖아요.
엄마: 잘하면 뭐가 좋을까?
딸: 친구들이 다 쳐다보는데 서툴거나 틀리면 야유 받는 게 싫어요.

사춘기는 주관이 자리 잡기 이전에 혼란을 겪는 시기다 보니 자기 생각보다 타인의 시선을 많이 의식한다. 이때 아이들은 자신감이 없는 게 아니라 자존감을 키우기 위해 타인의 시선을 경험하는 것이다. 자기에게 향하는 관심 그 자체로도 부담을 느끼는 사춘기 아이들은 기대가 담긴 타인의 말에 큰 중압감을 느낀다. 이때는 "한번 해보는 거지, 뭐."하고 별일 아닌 듯 무엇이든 시도해볼 수 있게 하는 말이 훨씬 중요하다.

사람이 살아가면서 모든 것을 잘할 수도, 잘해야 할 필요도 없다. '잘하지 않아도, 완벽하지 않아도 괜찮은 인생이다'라는 생각은 삶을 더 편하고 즐겁게 만든다. 내 안에 자신감은 "넌 할 수 있어."라는 말보다 "한번 해보는 거야, 아니면 말고."라는 말을 더 좋아한다. 이 말은 반드시 해내야 한다는 자기 구속에서 스스로를 해방한다.

말의 힘은 곧 마음의 힘이다. 능력을 기대하는 마음으로 한 말은 중압감이 되고, 격려하는 마음으로 한 말은 가능성과 자신감이 된다. 결과를 기대하고 능력을 기대하면 실망이 따르고 기대의 크기만큼 실망도 커진다. 실망은 자신감을 위축시키고 중압감을 키우지만 격려하는 마음은 힘을 보탠다.

요즘 우리 집은 '기대 내려놓기'를 연습 중이다. 아이가 무언가 시도하고 싶은데 용기내지 못하고 망설일 때 이렇게 말한다.

"잘하고 싶은 마음은 알지만 인생을 살아보니 모든 걸 잘할 수 없고 잘 하지 않아도 돼. 하고 싶은 게 있으면 그냥 한번 해봐. 아니면 마는 거지, 뭐. 해봐야 잘하는지 아닌지도 알 수 있는 거 아니겠니."

좋은 교육, 해야 할 일, 기대와 구속이 혼돈된 가족의 사랑, 능력이 뛰어난 친구 등 모든 게 넘치는 환경에 놓인 우리 아이의 내면은 그것들과 치열하게 경쟁하느라 늘 두려움을 품고 있다. 두려움은 용기를 잡아두는 닻이다. 부모가 먼저 "일단 할 수 있는 만큼 열심히 해보는 거야. 아니면 말고!"라는 여유를 갖자. 부모의 말에 아이는 닻을 끊고 앞으로 나아갈 수 있다. 부모의 지지와 진심 어린 응원은 아이가 두려움을 이기고 더 넓은 세상으로 나갈 힘이 되어줄 것이다.

SOLUTION
'기대'와 '응원'의 말 구분하기

자녀에게 진짜 용기를 주고 싶다면 기대와 응원을 구별해야 한다. '좋은 결과가 있을 거야' '넌 할 수 있어' '잘 될 거야' 같은 기대가 내포된 말은 원하는 결과가 나오기를 바라는 마음으로 결과에 초점을 맞춘다. 응원은 원하는 결과를 위해 최선을 다해 무엇이라도 해보는 태도를 격려하는 마음으로 과정에 초점을 맞춘다. 응원하는 말이 어렵다면 '중등·고등·대학' 원칙을 기억해보자.

▶ '중등·고등·대학' 원칙으로 말하기

이 원칙은 '열심히 하는 중' '아니면 말고' '들이대'를 뜻한다. 자녀가 결과보다 과정과 경험의 가치를 인식하게끔 하는 응원의 말로 인생을 살아가는 데 중요한 가치관이 된다. 한국사 능력 검정시험에 도전하고 싶은데 합격할 수 있을지 걱정하는 자녀에게 이 원칙으로 다음과 같이 얘기할 수 있다.

㉑ "그동안 역사책도 읽고 강의를 들으면서 열심히 했잖아. 합격을 위해서라기보다 열심히 공부한 내용들을 정리한다는 마음으로 한번 해봐. 떨어져도 공부한 지식은 머릿속에 남으니 그걸로도 충분하지 않을까?"

고마워

누군가 내게 세상에서 가장 잘한 일이 무엇이냐 물으면 망설임 없이 엄마가 된 것이라 답한다. 세상살이가 힘들고 지칠 때 아이로 인해 힘이 난다. 아이가 특별히 뭔가를 잘해서가 아니라 존재만으로 힘이 된다. 엄마라는 사실은 용기와 힘을 내 살아야 할 이유다. 내기 가진 엄마라는 자부심은 자식에 대한 고마움에서 비롯된다. 아이가 자는 모습을 보면 어느새 이렇게 컸는지 신기하면서 귀한 존재와의 인연에 감사할 뿐이다.

대개 부모들은 자녀에게 마음을 표현할 때 사랑한다는 말을 많이 한다. 나는 아이에게 사랑한다는 말만큼 많이 하는 말이 있는데 바로 "고마워."다. 존재에 대한 감사는 사랑보다 더 크게 마음을 긍정적인 방향으로 움직이기 때문이다. 자신이 태어나고 살아 있는 것만으로도 가치 있으며 고마운 존재라는 걸 느끼는 아이들은 마음이 흔들리는 사춘기도 건강하게 보낸다.

* 하고 싶은 게 없는
  수동적인 아이들

요즘 아이들에게 가장 큰 문제는 하고 싶은 것, 좋아하는 것이 없다는 점이다. 아무것도 하고 싶지 않고 부모의 경제적 그늘 아래 편안히 살고 싶어 한다. 부모에게 유산을 물려받아 건물주가 되는 미래를 그리는 아이들은 그나마 그런 꿈이라도 있으니 다행이라고 할 정도다. 부모의 무한한 사랑이 과잉보호가 되어 모든 게 척척 원하는 대로 이뤄지니 학업에서도 선생님이 핵심 정리를 해주고 외워야 할 내용을 짚어주지 않으면 자기 힘으로 무엇을 해야 할지 모른다. 주입식 공부를 하다 보니 스스로 생각하는 능력을 키우지 못한다. 생각은 곧 그 사람의 삶이고 사람은 생각하는 대로 살게 된다. '나는 누구인가?' '어떻게 살아야 하는가?'에 대해 치열하게 생각해야 하는 때지만 그럴 능력도 의지도 없다.

✱ 자기 효능감이 큰 아이로 키우기 위해

사춘기 아이들은 자신의 존재를 부정당할 때 가장 크게 분노한다. 같은 맥락에서 자기 존재의 뿌리인 부모에 대해 누군가 안 좋은 얘기를 하면 순간 이성이 마비되고 감정이 분출해 있는 힘을 다해 상대를 공격하거나 분노한다. 반대로 고맙다는 말은 존재를 긍정하는 말이다. 존재의 긍정은 자신에 대한 긍정적인 믿음과 자기 효능감을 키운다.

자기 효능감이란 어떤 문제라도 자신의 능력으로 해결할 수 있다는 스스로에 대한 신뢰다. 자신감과 비슷하지만 자기 능력에 대한 믿음과 더욱 깊은 관련이 있다. 자기 효능감이 높으면 당면한 과제에 대한 집중력과 끈기로 성취 수준을 높일 수 있어 긍정 자아를 형성하는 데 도움이 된다. 이 자기 효능감을 키우는 기반이 되는 것이 존재의 긍정, 곧 부모가 자녀에게 표현하는 "고마워."라는 한마디다.

나는 아이에게 자주 다양한 말로 고마움을 표현한다. 존재만으로도 고맙다는 말과 함께 너를 통해 내가 더 좋은 사람이 되고 가족 모두 성장하고 있다는 메시지를 전한다.

"엄마 딸로 태어나줘서 고마워."
"엄마가 세상에서 가장 잘한 일은 너를 낳은 거야."
"네 엄마로 사는 모든 순간이 행복해."
"너를 키우면서 엄마도 같이 성장하는 것 같아."
"너 자신을 잘 키워가고 있어서 고마워."
"네 삶의 주인으로 살기 위해 노력하니 대견하고 고마워."

존재하는 것만으로 고맙다는 말을 듣고 자란 아이들은 자기효능감을 키운다. 자기는 무조건적인 사랑을 받을 만한 존재이며 무엇이라도 해낼 능력이 있다고 믿는다. 이런 자신에 대한 믿음은 위기의 순간에 빛을 발한다. 어떤 상황에서도 무너지지 않고 문제를 해결하며 나아가는 힘이 된다.

✱ 감사일기의 효과

 문제는 '고마워'라는 세 글자가 부모의 입에서 쉽게 나오지 않는다는 것이다. '고마워할 게 있어야 고마워하지'라는 마음이 들지도 모른다. 일반적으로 사람들은 타인에게 도움을 받았을 때 고맙다는 인사를 한다. 고마워할 만한 일이 없는데 고맙다는 말을 하는 것도, 해준 것도 없는데 고맙다는 말을 받는 것도 어색해한다. 그러나 무엇이든지 처음은 어색하고 서툴기 마련이다. 하면 할수록 익숙해지고 능숙해진다.

 내가 처음 감사 습관을 들이게 된 건 감정코칭 전문가 과정 과제로 쓴 감사일기 덕분이다. 매일 감사한 일을 찾아내라니. 평소 생각해보지 않았던 일이라 일기를 쓰는 게 큰 부담으로 다가왔다. 처음에는 과제를 제출해야만 전문가 자격시험을 치를 조건이 갖춰지니 꾸역꾸역 감사일기를 썼다. 전날 쓴 내용을 그대로 베껴 쓰기도 했다. 그렇게 감사일기를 쓴 1년 동안 일상 곳곳에 감사할 일이 많다는 것을 깨닫고 진심으로 감사하는 삶을 살 수 있었다. 그 후 지금까지 감사일기를 꾸준히 쓰고 있다.

 감사하는 습관을 들이면서 감사로 인생이 바뀐 루이스 L. 헤이Louise L. Hay와 오프라 윈프리Oprah winfrey 등 여러 인물의 책을 읽으면서 감사의 힘에 확신을 가졌다. 특히 내 존재 자체를 감사하면서 열등감과 낮은 자존감을 회복할 수 있었다. 내면의 상처와 아픔을 보듬고, 나를 있는 그대로 사랑할 수 있게 되었다.

감사 습관에 대해 강의할 때 부모 자신에게 먼저 고마움을 표현할 것을 강조한다. 위축된 부정 자아를 긍정 자아로 내면의 힘을 이동시키기 위해서다. 자신에게 고마움을 표현하는 걸 시작으로 타인에게까지 단계적으로 확장해나간다. 자신에 대한 감사가 정착되면 모든 것에 대한 감사로 빠르게 확장된다.

나에 대한 고마운 마음이 싹트면 자연스럽게 자녀에 대한 고마움으로 연결된다. 아이를 향한 고마운 마음은 화를 다스리고 원칙을 세워 아이를 대하게 한다. 부모로부터 존중을 받으니 아이도 부모의 권위를 세워준다. 감사는 삶의 만족감을 높이고 너그럽게 세상을 받아들이게 만든다. 어려운 상황에서도 '그럼에도 불구하고' 감사함을 찾는 습관을 통해 고통은 줄어들고 희망을 본다.

SOLUTION

감사의 말 연습하기

자존감의 중요성이 알려지면서 많은 부모가 칭찬을 습관처럼 하지만 방법이 잘못된 경우가 많다. '시험에서 100점을 받았기 때문에' '집안일을 도왔기 때문에' 같은 조건식 감사는 아이가 '나는 뭔가를 해냈을 때 존재 가치가 있는 사람'으로 생각하게 할 수 있다. 아이들의 존재 자체를 인정하는 말을 들려주자. 그리고 아이들에게 고맙다는 말을 스스럼없이 하기 위해 부모 자신에게도 감사를 말하는 습관을 들이자.

▶ 하루 한 가지 이상 감사한 일 말하기

산책하다 마주친 바람, 가족을 위해 요리하는 순간 등 일상 모든 것이 감사의 주체다.

(예) "바람을 느낄 수 있음에 감사합니다."

"가족을 위해 식사를 챙기는 내가 대견스럽고 고마워."

▶ 가족에게 글로 감사한 일 전하기

감사 인사를 말로 전달하는 게 아직 어색하다면 '글'을 써서 보여줄 수 있다. 냉장고, 거울, 현관문 등 가족이 모두 볼 수 있는 곳에 감사의 말을 적어놓는다. 또는 가족들이 모여 있는 메신저에 메시지를 보내보자. 종이에 써서 붙여놓는다면 감사 내용을 매일 하나씩 추가해 적어보자.

(예) "아침을 못 먹고 가서 신경이 쓰였는데 점심을 맛있게 먹었다니 감사합니다."

"오늘도 '다녀왔습니다'라는 아들의 인사를 들을 수 있어 감사합니다."

"용돈을 받고 고마워할 줄 아는 딸의 마음이 대견스럽고 감사합니다."

네가 결정하렴

인공지능 시대에 필요한 능력으로 사고력이 대두되면서 사고력으로 세상을 이끄는 유대인의 질문 교육법이 한동안 유행했었다. 유대인의 질문식 교육은 '밥상머리 교육'으로도 통한다. 유대인들은 가족이 다 같이 모여 식사하면서 사회, 경제, 정치 등 다양한 주제를 놓고 부모와 자녀들이 서로의 생각을 묻고 대화를 나누는 게 일상이다.

유대인의 질문 교육법은 우리나라 교육에 활용되지 못하고 유행으로만 끝났는데 거기에는 그만한 이유가 있다. 우리나라

교육의 가장 큰 문제점이기도 한 위탁교육(사교육)으로 가정교육이 사라졌기 때문이다. 유대인식 교육의 핵심은 가정교육인데 본질은 고려하지 않고 방법만 흉내 낸 결과다.

✱ 가정교육이 무너진 한국 교육

 우리나라의 결과 지향적인 교육시장은 가정교육의 중요성을 간과한 채 학업 성취를 높이는 데 치중돼 있다. 그 결과 부모들은 가정교육, 공교육보다 사교육을 더 신뢰한다. 아이가 몸이 안 좋아도 학원은 꼭 보내는 엄마들, 학교에서 학원 숙제를 하는 아이들이 이를 증명한다.

 과도한 사교육으로 아이들은 일찍이 주입식 교육에 길든다. 그렇게 생각하는 뇌인 전두엽이 한창 활발하게 성장할 초등학생 때부터 하라는 대로, 알려주는 대로만 공부하니 아이들은 스스로 생각하는 힘을 키우지 못한다. 그런 아이들이 사춘기가 되면 부모는 "생각 좀 하고 살아."며 잔소리를 한다. 정보력 있는 부모는 사고력을 훈련하는 학원에 보내기도 한다.

 인간은 부모의 조건 없는 사랑과 지혜가 있는 가정에서 건강하고 튼튼한 자아의 뿌리를 내린다. 뿌리가 튼튼한 나무에서 열매가 열리는 법이다. 아이의 내면에 가정교육이 뿌리를 잘 내려야 달콤한 열매를 얻을 수 있다. 사교육에 집중해 가정교육의 중요성을 잊고 있는 우리나라 부모들이 그 중요성을 하루빨리 인식하고 자녀에게 안정적인 환경을 제공하길 바란다. 가정교육의 붕괴는 자녀의 일상생활과도 직결된다. 아이들의 일상은 가정에서 채운 사랑과 연민으로 꾸려지기 때문이다. 자녀가 일상에서 하는 모든 선택이 사랑과 연민에 바탕을 두도록 가정교육을 살려야 한다.

이제는 다른 나라의 교육법을 따라 하는 대신 우리 환경에 맞는 방법을 강구해야 한다. 교육자로서 20여 년의 경험으로 깨달은 우리 교육문화에서 아이의 사고력을 확장할 수 있는 말은 "네가 결정하렴."이다. 일상생활의 모든 문제에 대해 스스로 생각하고 결정하도록 하는 말이다. 결정을 내리기 위해서 아이들은 기준을 세우고, 자신을 이해하고, 자기 선택에 따르는 책임과 결과를 고려해야 한다. 외부의 통제와 압력에 의해 질문하고 생각하는 것이 아니라 자기의 생각, 질문, 통제, 책임을 바탕으로 주도적으로 행동해야 한다.

자녀에게 결정권을 준다는 것이 모든 걸 마음대로 하도록 방임하라는 뜻은 결코 아니다. 성인이 되기 전까지는 부모의 지도하에 생활하는 것을 전제로 한다. 아이가 방황하거나 혼란스러워할 때 옳은 결정을 할 수 있도록 묵묵히 어른의 지혜를 제공하는 것이 부모와 가정의 역할이다.

✱ 주도적인 인생을 살도록

그렇다면 무엇을 어디까지 자녀가 결정하도록 해야 할까? 이에 대한 내 생각은 부모의 울타리 안에서 자녀가 자신의 일상을 꾸려가도록 하는 것이다. 일상에서 해야 하는 모든 선택은 아이 스스로 하되 부모는 가이드를 제공한다.

학업과 식습관을 예로 들어보자. 나는 정규 수업을 제외한 모든 학업 결정은 아이에게 맡긴다. 학업 결정권을 아이에게 주는 것을 불안해할 부모들도 있겠지만, 배움의 권리를 보장한다는 것은 배움에 대한 결정권도 아이에게 넘긴다는 의미다. 학생이 성장을 위해 학업을 이어나가는 건 선택의 문제가 아닌 의무다. 그러나 무엇을 어떻게 배울지는 어른인 부모와 선생님의 도움을 받으며 아이 스스로 결정해나가야 한다. 이것이 바로 자기 주도 학습이며 주도적인 삶이다.

나는 정규 수업 이후에 방과 후 특별활동이나 사교육은 아이가 직접 결정하도록 했다. 공부는 학교 수업만으로도 충분하다고 생각하기에 하교 후에는 어떤 수업도 받게 하고 싶지 않았다. 그런데 아이가 친구들이 하는 방과 후 수업을 듣고 싶어 해 얘기를 나눈 후 아이의 결정을 따르기로 했다.

방과 후 수업 과목도 자기가 결정했고, 학원도 엄마와 같이 돌아본 뒤 본인이 골랐다. 그만두는 시기도 아이가 결정했다. 아이에게 그만두기로 한 이유를 묻고, 합리적이지 않다고 생각될 때는 내 의견을 들려주었다. 강요나 명령이 아니라 엄마의 생각을 들려주고 자신의 선택이 최선인지 다시 생각해보도록 도왔다. 아이는 부모가 학원을 강요하지 않는 것을 고마워하며 주도적으로 공부하기를 소홀히 하지 않았다.

식습관도 마찬가지다. 어렸을 때는 부모가 자녀의 간식을 챙겨줬지만, 초등 고학년부터는 아이 스스로 간식을 챙겨 먹기 시작했다. 중학생이 된 지금은 간식뿐만 아니라 식사도 자기가 해결한다. 자기 스스로 결정하고 행동하면 전두엽이 활성화되고 다양한 방법으로 사고력을 키울 수 있다.

중학교 1학년 겨울방학에 딸아이는 외모에 변화를 주고 싶어 했다. 머리를 노랗게 염색해볼까, 귀를 뚫어볼까 고민하며 엄마의 의견을 물었다. 나는 염색하거나 귀를 뚫었을 때 겪게 될 불편한 점을 말해주고 참고해 결정하라고 했다. 한참을 고민하던 아이는 앞머리를 자르기로 했다. 머리를 자르고 온 날 아이는 "앞머리를 자르게 해주셔서 감사합니다."라고 인사를 했다. 자기 머리를 자기가 하고 싶은 대로 한 건데 왜 고마워하는지 아이에게 이유를 물었다. 중학생이 되어보니 자기 일을 스스로 결정하지 못하고 부모 결정에 따라야 하는 친구들이 대부분이라고 했다. 그래서 스스로 결정할 수 있게 자율성을 키워준 부모님께 감사한 마음이 절로 생겨 인사를 한 거라고 말했다.

주도적으로 자기 삶을 시작해야 할 시기에 어른들의 생각이 주입되거나 강요에 의해 주도력을 잃어버린 아이들이 너무나 많다. 삶의 주도권을 잃은 아이들은 혼란과 불안을 느끼고, 감정을 조절할 힘을 잃어 반항으로 마음을 표출하게 된다. 그래서 나는 모든 자녀들이 사춘기가 오기 전에 자기 스스로 결정을 내리는 연습을 했으면 좋겠다. 부모의 안전한 울타리 안에서는 어떤 결정을 해도 도움을 받을 수 있다. 내 결정을 존중하고 믿는 부모의 지지 아래 스스로 삶을 꾸려나가는 성취감을 느낄 수 있길, 스스로 질문하고, 답을 찾고, 선택하는 삶을 살길 바란다.

SOLUTION
책임감을 키우는 대화법 연습하기

어려서부터 스스로 선택하는 연습이 충분히 된 아이들이 자기 결정권을 갖는다. 부모는 아이가 선택과 책임을 부여받을 수 있게 도와야 한다. '네가 책임져'라는 말은 자녀의 실수나 잘못을 비난하는 말로 부모가 의도한 책임감은 키워지지 않는다는 걸 유의하자. 단, 자기 결정권은 마음대로 하는 것과는 다르다. '마음대로 해'라는 말 역시 주의해 사용하자.

▶ 선택 범위 제한하기

사고력 발달과 연령을 고려해 선택 범위를 3개 정도로 제한한다.

㉠ "A를 할 것인지 말 것인지 결정해." (영유아기)
 "A와 B 중 결정해." (유아기, 초등 저학년)
 "A, B, C 중 결정해." (초등 중학년 이상)

▶ 스스로 사고하고 결정하기

사고력이 발달하기 시작하는 10세 전후에 적용한다. A를 선택했을 때와 B를 선택했을 때 장단점을 각각 설명한다. 부모는 설명하고, 자녀는 부모의 설명을 비교해 결정한다. 처음에는 부모가 생각하는 장단점을 설명하고, 점차 익숙해지면 자녀와 함께 어떤 장단점이 있는지 함께 이야기해보자. 완전히 익숙해지면 자녀 스스로 생각해보게 하자.

예시로 자녀가 구매할 옷을 직접 선택하는 상황을 들어보자. 옷을 직접 선택하는 과정은 디자인, 색상, 가격, 효용, 경제 등 여러 측면에서 생각해

볼 기회다. 자녀가 결정하면 먼저 흔쾌히 수용한 후에 자기 결정에 대한 논리를 스스로 점검하게 한다. 옷뿐만 아니라 자기와 관련된 무엇이든 자기의 생각을 반영해 결정하면 아이는 더 책임감을 느낀다.

예) "A는 네가 원하는 디자인과 색이라서 좋지만, 살에 닿는 질감이 거칠다는 단점이 있어. B는 네가 원하는 디자인과 질감이라서 좋은데, 짧아서 팔을 들었을 때 속살이 보인다는 단점이 있어."
"A를 선택했구나. 맘에 드니? 살에 닿는 질감이 거친 건 괜찮은 거야?"

어떤 삶을
살고 있을까?

 자녀가 잘되기를 바라는 마음으로 부모는 정성을 다해 아이의 학업을 뒷바라지한다. 그리고 아이들에게 열심히, 최선을 다해 노력하라는 말을 습관처럼 한다. 부모는 아이의 행복한 미래를 위해 하는 말이겠지만 과연 아이들도 그렇게 받아들일까? 예를 들어보자. 설거지는 인생을 좌우하는 일은 아니다. 귀찮을 수는 있어도 정신적 스트레스를 주지는 않는다. 그런데 설거지를 할 때마다 배우자가 "열심히 해." "최선을 다해 노력해."라고 한다면 기분이 어떨까? 응원의 의미로 하는 말이라도

'뭘 열심히 하라는 거지. 내가 설거지를 못 한다는 건가?'라고 부담을 느낄 것이다. 나 이외에 다른 사람에게 듣는 '열심히'와 '최선'이라는 말은 부담이고 스트레스가 될 수 있다.

그런데 아이들에게 공부는 가벼운 일이 아니다. 싫고 힘들고 어렵지만 '열심히' '최선을 다해' 해야 하는 일이다. 이미 스스로 부담을 느끼고 있는 아이들에게 하는 부모들의 교과서적인 응원은 오히려 불안감을 만든다. "공부 열심히 해."라는 자극을 주는 말도, "공부 못해도 괜찮아."라는 위로하는 말도 도움이 되지 않는다. 좋은 말도 계속 들으면 스트레스를 받는데, 자신의 미래를 결정짓는 학업에 대한 압박을 매일같이 받으면 아이들은 불안과 큰 스트레스에 시달리게 된다.

✱ 자녀가 인생의 가치를
   생각하게 하자

그럼 부모들은 아이를 어떻게 응원하고 삶에 동기를 부여할 수 있을까? 아주 간단하다. 스스로 자신의 미래를 그려보고 어떻게 살아야 할지 생각하게 하는 것이다. "어떤 삶을 살고 있을까?" "5년 후, 10년 후에는 어떤 삶을 살고 싶니?"라는 질문에 자신이 원하는 희망적인 미래를 상상해보는 것만으로도 성취하고 싶은 열정이 끌어오른다.

단, "어떤 일을 하고 싶니?"라는 질문은 요점이 전혀 다르니 피해야 한다. '어떤 일'은 직업을 선택하는 것이고, '어떤 삶'은 가치를 추구하는 것이다. 직업과 가치는 완전히 다르다. 지금처럼 급변하는 세상에서는 사라질 직업과 새로 생겨날 직업도 빠르게 변한다. 10대 아이들이 직업을 선택하게 될 10~20년 후에도 남아 있을 직업인지, 미래 가치가 있는 직업인지, 그 직업이 아이의 삶의 가치와 맞아떨어질지 지금부터 판단하기는 어렵다.

벌써부터 무슨 직업을 가져야 할지, 내 적성은 무엇인지 고민하며 불안해하는 아이에게 "넌 아직 젊고, 세상은 넓고, 할 일은 많아. 고민하지 말고 하고 싶은 일은 다 해봐."라고 말하며 엄마의 솔직한 이야기를 들려줬다.

"엄마는 유아교육을 전공하게 될 줄 몰랐고, 공부하면서도 앞으로 어떻게 살아야 할지 몰랐어. 유치원 원감이 되고 나서야 어떤 삶을 살고 싶은지 생각하게 됐고, 지금은 예상했던 것과 전혀 다른 작가와 강사라는 직업을 통해 인생의 사명과 가치를 깨닫고 실현하는 중이야. 그리고 10년 후에는 지금과 또 다른 삶을 그리고 있어. 세상은 빠르게 변하고 있어. 그러니 변화에 맞추려 하지 말고 네가 어떤 삶을 살고 싶은지 네 마음을 따랐으면 좋겠어."

잘 먹고 잘 사는 유일한 수단이 공부라고 알려주면 아이의 불안은 더 커진다. 공부는 인생을 대하는 태도를 기르는 수단이어야 한다. 공부를 잘하지 못해도 되지만 게을리해서는 안 된다. 아무것도 한 것 없이 게으르게 10대 시절을 보낸 사람과 자기가 무엇을 하고 싶은지 생각하고 그것을 실현하고자 노력해본 사람의 삶은 차이가 있다. 그러니 "어떤 삶을 살고 있을까?"라는 희망이 담긴 질문으로 아이 스스로 미래를 꿈꾸고 행동할 계기를 마련해주자.

* 인생의 가치가 뚜렷한 아이는
　　스스로 미래를 설계한다

우리 모녀는 현재와 미래 그리고 인간과 삶에 대해 자주 대화를 나눈다. 초등학생과 철학적인 대화가 가능하냐고 묻는 부모들이 있다. 물론이다. 하물며 유치원생들도 저마다의 철학이 있다. 모든 인간은 각자 경험한 만큼의 철학이 있지만 함께 나눌 상대가 없어 확장되거나 드러나지 않을 뿐이다.

아이와 어떤 삶을 살고 싶은지 대화를 나누다 보니 아이의 진로가 선명해진다. 아이는 심리조향사, 웹툰 작가, 프로파일러, 교사, 공무원, 뇌 과학자, 정신의학자, 심리학자 등에 관심을 가졌다. 왜 그 직업을 갖고 싶냐는 질문에 아이는 '사람에 대해 알고 싶고 사람을 돕고 싶기 때문'이라고 했다.

아이는 자신이 어떤 직업을 선택하고자 할 때 우수한 성적이 필요하다는 것을 알게 되었다. 심리조향사, 프로파일러, 뇌 과학자가 되기 위해서는 1등급을 받아야 했다. 심지어 그림 실력과 창의성만 있으면 될 거라 생각했던 웹툰 작가도 애니메이션 고등학교에 진학하려면 우수한 성적이 필요했다.

공부를 왜 해야 하는지, 왜 잘해야 하는지를 깨닫게 되었지만 여전히 공부하기 싫은 건 마찬가지다. 아이는 스스로 중학교 1학년까지는 맘 편히 놀기로 결정했다. 하지만 게으름을 피우다가도 어떤 삶을 살게 될지, 어떤 삶을 살고 싶은지 고민할 때면 마음이 불안해지는지 뭔가를 시작했다. 시작했다가 나태해지고, 다시 시작하고 나태해지기를 반복하면서 지금은 자기통제력을 키워가고 있다. 지금 아이가 겪는 불안감은 자기가 선택한 것으로 외부 압력에 의한 불안감과는 큰 차이가 있다. 자기 불안은 자신을 성장시키는 원동력이 되지만 외부에서 오는 불안은 문제 행동을 야기하는 원인이 될 수 있다.

✱ 나의 성찰이 아이들을 행동하게 만든다

내가 청소년일 때는 가까운 미래에 어떤 삶을 살지에 대해 누구와도 이야기해보지 못했다. 대학교 입학원서를 쓰기 전, 취업이 잘 되는 학과를 선택하기 위해 아버지와 나눈 10분 정도의 대화가 미래에 대해 생각해본 유일한 대화였던 것 같다. 나는 오랜 시간이 지나서야 어떤 삶을 살고 싶은지 고민하기 시작했고, 지금은 최선을 다해 현재를 살면서 행복을 느끼는 중이다.

아이뿐만 아니라 부모도 10년 후 어떤 삶을 살고 있을지, 어떤 삶을 살고 싶은지 스스로 질문하자. 자신의 삶을 성찰하고 철학하면서 자녀가 미래를 상상하고 철학할 수 있게 질문해주자. 부모 자신이 상상하는 10년 후 모습을 들려주는 것도 좋다. 나는 보호 종료 청소년 자립에 기여하는 일을 할 것이다. 그리고 왜 이 일이 하고 싶은지, 어떻게 할 것인지에 대해 구체적으로 그려가며 아이와 생각을 나누고 있다. 아이들은 부모의 삶을 보고 배운다. 그리고 자신에게 대입해본다.

부모의 철학과 행동은 아이의 인생을 만드는 중요한 재료가 된다. 아이들은 가정에서 나눴던 부모의 꿈을 자양분 삼아 자신의 미래를 키워나간다. 그리고 어떤 삶을 살고 싶은지 명확히 아는 아이는 지금 무엇을 해야 하는지 생각하고 움직일 것이다.

SOLUTION
자기 통제력을 키우는 부모의 말 연습하기

자기 주도적인 일상은 자기 통제력을 기반으로 한다. 뭔가를 이루기 위해서는 지금 당장 하고 싶지 않더라도 해야 하는 일들이 생긴다. 그것이 곧 자기 통제와 연결된다. 자기 통제력을 키우기 위해 일상에서 아이에게 들려줘야 할 말을 살펴보자.

▶ 꿈을 위해 노력하는 모습 보여주기

부모가 먼저 원하는 미래를 위해 노력하는 모습을 보여주는 것만으로도 아이들에게는 좋은 귀감이 된다. 미래의 모습이 거창할 필요는 없다. 나는 매일 2시간 이상 운동을 하고, 하루 한 장이라도 책을 읽고 글을 쓴다. 아이가 "운동을 왜 이렇게 열심히 해요?" "책 읽는 게 그렇게 좋아요?"라고 물으면 "나는 죽을 때까지 몸과 정신이 건강한 엄마로 살고 싶어. 그래서 지금 운동과 독서를 열심히 하는 거야."라고 말한다.

예) "엄마는 몇 년 뒤에 ○○하면서 살 거야(주도적인 삶). 그래서 지금 ○○을 열심히 하고 있어(자기 통제)."

▶ 꿈에 대해 자주 대화하기

어떤 직업을 갖는지보다 어떤 삶을 살기 위해 지금 무엇을 하는지가 중요하다. 지금 하는 공부가 원하는 삶을 살기 위한 가장 큰 조건임을 스스로 깨달아야 공부한다. 사춘기가 오기 전부터 꾸준히 어떤 삶을 살고 싶은가에 대한 주제로 대화를 하자. 그런 미래를 실현하기 위해 아이는 자기 통제력을 키울 것이다.

재미있는 일이
있었니?

    긍정 심리학의 창시자 마틴 셀리그만_{Martin E. P. Seligman}은 행복의 제1조건은 '긍정 정서'라고 말했다. 긍정적인 생각으로 위대함을 만들어 낸 유대인들은 매일 아침 긍정적 암시의 기도를 하고 자녀가 등교할 때 "모든 게 다 잘될 거야."라며 긍정의 말을 건넨다.

    부모로서 자녀에게 무엇을 남겨줘야 할지 깊은 감동으로 깨우쳐준 유대인 아빠가 있다. 영화 〈인생은 아름다워〉의 주인공 귀도다. 제2차 세계대전 중 아들과 함께 수용소로 끌려가게 된

귀도는 5살 아들에게 힘든 수용소 생활이 1,000점을 따는 우승자에게 탱크를 주는 단체 게임이라고 말하며 절망 속에서도 웃음과 희망을 찾도록 한다. 영화 마지막에 어른이 된 아들 조슈에는 "아버지는 저에게 최고의 선물을 주셨습니다."라고 말한다.

아무리 처한 현실이 비극이라도 아이가 웃음과 희망을 잃지 않도록, 힘든 상황 속에서 슬퍼하지 않도록 인생은 아름다운 것이라는 마음을 남겨주는 부모가 있다. 풍족한 세상에서도 더 많이 갖기 위해, 더 높은 자리에 오르기 위해 치열하게 경쟁해야 한다고 불안과 경쟁심을 부추기는 부모도 있다. 우리는 과연 아이들에게 어떤 부모일까.

✱ 나는 우리 아이에게
　무엇을 남기고 있는가

기업 번영의 티핑포인트(변화가 시작되는 지점)를 연구한 바버라 프레드릭슨 Barbara Fredrickson 교수는 60개 기업의 업무회의 의사록을 분석해 직원들이 사용하는 언어에서 티핑포인트가 되는 긍정 언어와 부정 언어의 비율을 찾았다. 긍정과 부정 언어의 비율이 3 대 1보다 높은 기업은 점점 더 성장했고, 그보다 낮은 기업은 성장하지 못했다는 놀라운 결과를 발견했다.

워싱턴대학교 존 가트맨_{John M. Gottman} 교수는 35년 동안 3,000쌍이 넘는 부부의 대화를 연구했다. 부부가 행복한 결혼생활을 하기 위해서는 긍정 언어와 부정 언어의 비율이 5 대 1이어야 한다고 말했다. 배우자에게 부정적인 말을 한마디 할 때마다 긍정적인 말을 최소 다섯 마디는 해야 한다는 것이다.

행복과 성공에 영향을 미치는 것은 긍정 정서라는 것을 많은 연구를 통해 알 수 있다. 모든 부모가 자녀에게 물려주고 싶은 것은 결국 행복한 삶이다. 그러니 우리가 고민해야 할 것은 아이들에게 긍정 정서를 '어떻게' 물려줄 것인가이다.

유대인처럼 대대로 자녀에게 긍정 정서를 물려주면 좋겠지만 많은 부모가 어린 시절 부모로부터 긍정 정서를 경험해보지 못했을 것이다. 나 역시 마찬가지이기 때문에 부정 정서로 가득한 내 마음을 먼저 돌봐야 했다. 나뿐만 아니라 가정의 행복을 위해서 말이다.

매일 아침 눈을 뜨면 감사의 말을 하고, 긍정적인 글을 의식적으로 찾아 읽는다. 하루를 마무리할 때는 긍정 확언과 감사 일기를 쓴다. 긍정 에너지로 하루를 시작하고, 하루를 마무리하는 것이다. 긍정 정서를 키우기 위해 꾸준히 연습하고 노력했다. 틈을 비집고 부정적인 생각이 올라올 때도 많다. 그럴 때는 의도적으로 '고맙습니다' '축복합니다' '행복합니다' 등 긍정의 말을 한다. 내 마음이 먼저 긍정적으로 바뀌니 자연스럽게 말, 행동이 바뀌었다. 남편과 아이의 부정적인 면을 보며 한숨 쉬고 잔소리하던 과거와 달리 긍정적인 면을 보며 자연스럽게 '기특하다' '대단하다' '멋지다'라고 긍정 에너지를 발산하게 되었다.

✱ 아이의 긍정 정서를 높이는 일상 대화법 2가지

내 긍정 정서를 키우기 위해 연습하면서 자녀의 긍정 정서를 높이기 위해 의도적으로 노력하는 2가지가 있다. 첫 번째는 등하교할 때 하는 의식이다. 매일 아침 등교할 때는 아이를 꼭 안아주면서 "사랑해. 모든 일이 잘될 거야. 근사한 하루 보내."라고 말한다. 아이가 하교해서 집에 오면 현관으로 달려가 최대한 밝고 행복한 말투로 "우리 딸, 보고 싶었어. 어서 와!"라며 꼭 안는다. 때로는 정중하고 장난스럽게 "임 박사님, 안녕히 다녀오셨는지요?"라며 허리 숙여 맞이한다. 숨어 있다가 놀래키며

깔깔 웃는 날도 있다. 직접 맞이할 수 없는 날은 사랑하는 마음을 담은 메모를 방문에 붙여 둘 때도 있다.

두 번째 노력은 "오늘 학교에서 어떤 재미있는 일이 있었니?"라고 묻는 것이다. 아이의 학교생활이 궁금하기도 하지만 무엇보다 공기를 정화하듯 학교생활을 하며 쌓인 부정적 에너지를 긍정적으로 정화하기 위해서다. 재미있었던 일을 물었는데 사춘기 아이는 불편하고 기분이 나빴던 부정적인 상황을 말할 때가 많다. 이때 바로 지적하고 가르치려 하면 아이는 반항적인 태도를 취한다. 먼저 어떤 판단도 하지 않고 맞장구치면서 아이의 이야기를 경청하자. 이때 이야기를 털어놓는 것만으로도 아이의 부정적인 감정들이 어느 정도 해소된다. 그 빈자리를 긍정 정서로 채워주며 '그럼에도 감사하다'라는 문장으로 대화를 마무리한다.

아이가 초등학생이 된 이후로는 아무리 바빠도 하교 후에 대화할 시간을 가지려고 노력했다. 혹시 일이 있어 직접 대화하지 못할 때는 잠깐이라도 통화를 했다. 사춘기에 들어선 후로는 재미있는 일이 없었다고 딱 질라 말하거나 대화를 귀찮아한다. 그럴 때는 "오늘 급식이 뭐였어?" "오늘 수업 때 배운 것 중 뭐가 제일 재미있었니?"라고 아이의 관심사를 물었다. 급식 이야기에 아이는 금새 풀어진 얼굴로 오늘 나온 반찬을 읊어준다. 한번 대화의 문이 열리면 언제 뚱했냐는 듯 학교생활에 대해 조잘조잘 수다를 떤다.

처음에는 이런 과정이 어색할지 몰라도 잠깐의 대화만으로 감정이 긍정적으로 정화되는 걸 느낀 아이들은 오늘 있었던 이야기를 먼저 꺼내게 될지도 모른다. 대화는 하루 단 몇 분이면 충분하다. 이렇게 간단한 대화만으로도 아이는 긍정 정서를 찾고 부모와의 관계는 더 깊어진다.

아이들은 자기 이야기에 귀 기울이는 사람이 한 명만 있어도 살아갈 힘을 얻는다. 내가 정서적 지지를 받아본 경험이 없어 아이에게 물려주지 못했다고 자책하지 말자. 아이의 얘기를 경청해주는 부모가 되기로 결심한 것처럼 부모 스스로 자신에게 그런 사람이 되면 된다. 아이의 감정을 지지해주는 것처럼 부모 자신도 자신의 감정을 돌아보고 응원해주는 사람이 되면 좋겠다. 그 노력이 아이와 가정을 더 행복하게 만들어 줄 것이다.

SOLUTION
긍정 정서를 키워주는 말 습관들이기

아이에게 긍정 정서를 심어주는 핵심은 등교 전, 하교 후, 잠자기 전 등 자투리 시간을 소통의 시간으로 활용하는 것이다. 사춘기 때의 소통을 위해서는 영유아기와 초등기에 포옹과 대화가 무의식적이고 익숙해져야 한다. 사춘기 자녀가 먼저 말을 걸어올 때 부모는 입을 닫고 무조건 들어주는 게 최고의 소통이다. 만약 자녀가 초등 고학년이라면 부모와 자녀 모두 어색하고 부담스러울 수 있으니 간단한 의식부터 시작해 익숙해지면 조금씩 확장해 나가보자.

▶ 현관까지 배웅하기

시작은 등교할 때 배웅해주는 것으로 시작하자. 배웅하는 게 익숙해지면 하이파이브 같은 간단한 신체 접촉으로 오늘 하루를 응원한다.

▶ 긍정의 말 건네기

더 익숙해지면 포옹하며 긍정의 한 문장을 말해준다. 종교가 있다면 함께 짧게 기도하거나 말씀 한 구절을 읽어준다. 핵심은 매일 꾸준히 하는 것이다. 정신없이 등교하는 날은 뛰어나가는 뒷모습에 "좋은 하루 보내!"라고 말해주자.

어떤 사람이랑 결혼할 거니?

 사춘기는 소녀에서 여성으로, 소년에서 남성으로 가는 2차 성징이 일어나는 시기다. 여성과 남성의 신체적 특징을 갖추면서 정서적으로 성적 충동을 느끼고 이성에 호기심을 갖는다. 이 시기에 신체 변화를 자연스럽게 받아들이고 성숙한 행동을 가르치지 않으면 성적 호기심을 표출하는 과정에서 갈등과 혼란을 겪을 수 있다.

 먼 과거에는 성 관련 대화를 터부시하는 문화와 여러 이유로 청소년기 성교육이 활발하지 않았다. 하지만 현대는 아이가 성

인식을 건강하게 받아들이고, 미성숙한 성 인지가 청소년 성 문제로 이어지지 않도록 예방해야 한다.

사춘기는 일생 중 감정 폭발이 가장 빈번하게 일어나는 시기로 비행과 같은 위험한 행동이 많이 일어난다. 성에 관련한 사건의 피해는 어쩔 수 없이 남성보다 여성 쪽이 더 많다. 나는 딸을 키우는 엄마 입장에서 성 관련 사건을 접할 때마다 심장이 내려 앉는 것만 같다. 학교 교사, 학원 교사, 친한 친구, 친구의 아버지 등 피의자가 가까운 사람인 경우가 많아 더욱 걱정스럽다. 이처럼 험한 세상에 부모가 할 수 있는 일이며 반드시 해야 하는 일은 아이들의 성 인지 능력을 키워 성숙한 태도로 이성을 대하고 자신을 지킬 수 있게 돕는 것이다.

자녀의 성교육은 아이가 성에 관심을 가질 때부터 자연스럽게 대화로 시작하면 좋다. 부모가 미리 성교육 관련 책을 읽고 공부해서 자녀의 호기심과 인식 수준에 맞게 자연스러운 분위기로 대화하자. 아이가 성에 관심을 가지면 질문이 많아진다. "아기는 어떻게 생겨요?" "정자와 난자는 어떻게 만나요?" "나는 어떻게 태어났어요?" 등의 질문을 어물쩍 넘기지 말아야 한다.

✱ 청소년 연애를 대하는 부모의 태도

청소년들의 과도한 신체 접촉을 볼 때, 주말에 이성 친구와 단둘이 데이트한다고 할 때 부모는 걱정된다. 부모가 성숙한 연애, 성숙한 사랑, 아름다운 성교에 대해 어떻게 가르쳐야 할지 모든 걸 아는 성교육 전문가가 될 필요는 없지만 방치는 위험하다는 인식을 가져야 한다. 부모는 아이들이 친구들과 이성 문제나 성에 대해 자연스럽게 대화를 나누는 것처럼 부모와도 편안하게 이야기할 수 있도록 환경을 만들어야 한다.

중학생이 되고 아이의 최대 관심사는 '연애'였다. 거울 앞에 있는 시간이 많아졌고 여드름, 머리 스타일, 키, 체중 등 외모에 신경을 쓰기 시작했다. 부모 대부분은 아이가 외모나 이성보다 성적에 관심을 가져주길 바라기 때문에 소통에 어려움이 생기기도 하지만, 이 시기의 이성관이 평생 이어진다는 사실을 생각하며 자녀의 관심사를 존중해야 한다.

요즘 중학생들은 유행처럼 이성 교제를 한다. 쉬는 시간에 연인들이 모이는 공간이 따로 있어 서로 꼭 붙어서 손도 잡고 마스크를 쓴 채로 뽀뽀도 한다. 이성 친구가 없으면 자기가 매력이 없는 건지 고민하기도 한다. 모든 아이가 이성에 관심을 보이지는 않지만 친구들의 이성 문제를 가까이에서 접하니 관심과 호기심이 초등기보다 상대적으로 커진다. 자연스러운 현상이려니 넘기기에는 문제가 발생할 가능성이 있다.

아이의 학교생활 이야기에 이성 교제는 빠지지 않는 주제다. 아이가 친구들의 이성 교제에 대해 이야기할 때가 건강한 성 인식을 갖도록 도울 좋은 기회다. 부모가 주입식으로 가르치고 자녀를 끌고 갈 수 있는 것은 초등기까지다. 사춘기 때는 독립된 자기만의 세상으로 들어가며 대화가 줄어든다. 따라서 초등기 때 부모와의 대화가 자연스럽고, 편안하고, 유익해야 사춘기에도 대화를 이어 갈 수 있다.

아이들이 외모와 이성에 관심을 보일 때 이성에 대한 호기심을 비밀스럽거나 쓸데없는 일로 취급하거나 이성 친구의 유무를 농담거리 삼아 장난치는 부모들이 있다. 대화 주제로 다루기 부담스럽다고 생각해 가볍게 다가가는 걸 수도 있지만 아이들의 올바른 가치관 형성에는 도움이 되지 않는다. 인기가 많은지 적은지를 놀리듯 얘기하는 부모들의 태도에서 아이들은 이성 관계를 장난스럽고 흔찮은 것으로 받아들일 수 있다. 부모와 자연스러운 대화를 통해 아이들은 건강한 이성관을 형성한다. 그러니 성에 관해서는 신중한 자세로 대화하며 성숙한 성 가치관 형성을 도와야 한다. 아이가 자신의 생각을 말할 때 판단하거나 조언하려 하면 감수성이 예민한 사춘기 아이들은 자신의 생각을 무시한다고 받아들일 수 있으니 자녀의 진지한 마음을 존중하며 진심으로 들어주자.

> 딸: 저도 달달한 사랑을 해보고 싶어요.
> 엄마: 달달한 사랑 좋지. 네가 말하는 달달한 사랑은 어떤 건데?
> 딸: 나만 바라보고, 나만 생각하고, 내가 원하는 것을 말하지 않아도 알아주는 로맨틱한 사람과 손잡고 함께 있는 거요.
> 엄마: 그런 사람 있으면 엄마도 만나고 싶다.
> 딸: 엄마는 이미 아빠랑 사랑해서 결혼했잖아요. 근데 엄마는 왜 아빠랑 결혼했어요?
> 엄마: 엄마는 아빠가 다정하고 책임감 있는 사람이라서 결혼을 결심했어. 아빠는 항상 우리를 따듯하게 잘 챙겨주지? 너도 나중에 아빠처럼 따듯한 사람을 만나면 좋겠다.

아이들은 어른의 연애를 흉내 낸다. 그래서 아이가 부모님이 결혼한 이유를 물을 때는 부모가 바람직하다고 생각하는 이성관이나 배우자를 선택할 때 유념해야 할 부분 등 가르치고 싶은 내용을 말해준다.

요즘은 부모도, 학교도 이성 교제에 관대해졌다. 하지만 무작정 관대해지기만 해서는 안 된다. 사람과 사람의 관계에는 '존중'이 바탕이 되어야 한다는 걸 반드시 가르쳐야 한다. "이성 친구 있니?"라는 질문은 아이가 이성 친구가 없는 자신을 부족하다고 느끼게 할 수 있다. 이성에 대한 대화를 하고 싶다면 "만약 이성 친구를 사귄다면 어떤 사람을 만나고 싶니?"로 시작하는 게 좋다. 자기가 어떤 사람을 만나고 싶은지 생각해보고 그에 대한 기준이 생긴다면 충동적인 감정이 들었을 때 기준을 근거로 판단할 수 있기 때문이다.

✱ 난 어떤 사람이지?

모든 부모는 자녀가 좋은 사람과 결혼하길 바란다. "어떤 사람이랑 결혼할 거니?"라는 질문으로 평생 함께 할 동반자를 선택하는 기준을 만들고, 자기 인생을 설계하도록 도울 수 있다. 계획에 없던 임신, 충동적인 선택, 부모의 권유 등으로 결혼을 하는 것은 자신의 인생에 무책임한 짓이다. 많은 대화를 통해 나와 상대방에 대해 잘 알고 신중히 결정해야 하는데 감정에 이끌리거나 물질적 조건 등을 기준으로 선택을 하면 후회하게 될지도 모른다.

"어떤 사람이랑 결혼할 거니?"라는 질문은 '난 어떤 사람이랑 어울릴까?' '난 어떤 사람이지?'라고 아이 스스로 성찰하게 한다. 어떤 사람이랑 평생 함께 하고 싶은지 생각하다 보면 본인의 모습도 자기가 바라는 이상형과 같아져야 한다는 결론이 나온다. 이상형을 반복해 상상하면 무의식에 내가 함께 하고 싶은 사람의 이미지가 기록된다. 이렇게 기록된 이미지는 곧 '자기 암시'가 된다. 무의식에 있는 자기가 원하는 이상향이 명확하다면 그에 맞는 사람을 만나기 전까지 충동적으로 이성을 만나는 것을 조절할 수 있게 된다.

그런데 최근 결혼이 희생이라고 생각하는 청소년이 늘고 있다. 결혼하면 자기 노력으로 이뤄낸 능력을 포기하거나, 반으로 나누게 되어 자기가 누려야 할 풍족함이 줄어든다고 생각한다. 자식을 낳아 기르는 것도 희생이라 생각한다. 청소년들의 생각은 어디에서 왔는가. 자기 부모가 자신을 키우는 것을 희생이라고 여겨서다. 이런 환경에서 크는 자녀의 마음은 어떤 상태일까. 아무리 마음이 어렵고 힘들어도 자녀 앞에서 아이 키우는 게 힘들고 돈이 많이 든다는 이야기는 삼가야 한다. 배우자의 가족을 흉봐서도 안 된다. 부모의 말 한마디가 아이의 결혼관에 영향을 끼친다는 사실을 잊지 말자.

엄마: 넌 어떤 사람이랑 결혼할 거니?

딸: 결혼 안 할 건데요. 사랑은 하고 싶지만 결혼은 안 할 거예요.

엄마: 왜? 사랑하면 함께 있고 싶기 때문에 결혼이 하고 싶어질 텐데?

딸: 결혼하면 아이를 낳아야 하고, 아이를 낳으면 아이 키우느라 하고 싶은 일을 못하잖아요. 그리고 시댁에도 희생해야 하고요.

엄마: 엄마가 결혼하고 살아보니까 세상에서 가장 깊은 사랑, 가장 원초적인 사랑은 자식에 대한 사랑이더라. 엄마는 너를 낳아 기르면서 진정한 사랑을 알았고 행복을 알았거든. 엄마는 조건 없이 주는 사랑을 하면서 행복과 사랑을 느끼고 어른이 되기 시작했어. 널 낳은게 엄마가 세상에 태어나 가장 잘한 일인걸.

나는 자녀를 낳아 기르면서 어른이 되고 사랑과 행복을 알게 되었다. 부모가 된 후 인간애를 느끼게 되었다. 엄마가 되기 전에는 언론을 통해 보도되는 사건·사고를 대화 재료로 사용하는 소비자였다. 엄마가 된 후에는 당사자들의 마음에 진심으로 공감하고 애도한다.

사랑하는 사람과 결혼을 하고 자식을 낳아 기르는 일은 행복하고 숭고한 일이라는 걸, 가정을 꾸리는 건 결코 희생이 아니라 사랑이라는 것을 아이에게 자주 이야기한다. "어떤 사람이랑 결혼할 거니?"로 시작하는 대화는 자녀의 건강한 성 인식을 키우는 일이며, 자녀를 더 나은 사람으로 만드는 일이며, 사랑과 행복이 가득한 삶으로 인도하는 일이다.

SOLUTION
추구하는 인간상을 그리는 질문하기

부모가 자식 앞에서 흔히 특정 인물을 가리키며 어떤 사람은 만나거나 만나지 말라고 한다. 혹은 자신이 바라는 이상형의 사람을 만나라고 한다. "아빠처럼 술 좋아하는 남자 만나지 마라." "삼촌처럼 자상한 남자 만나라." "이모처럼 요리 못하는 여자 만나지 마라." 이렇게 사람의 행동이나 능력을 평가하는 말은 내면의 인간성을 간과하게 한다. "어떤 사람이랑 결혼할 거니?"라는 질문은 조건을 따지라는 의미가 아님을 주의해야 한다. 인간상을 구체적으로 이미지화해 말하거나 생각하면 자기의 행동도 변하고 사람에 대한 통찰력도 길러진다.

▶ **인간상을 구체적으로 이미지화하는 질문하기**
  例) "결혼할 배우자가 재미있는 사람이면 좋겠니? 신중한 사람이면 좋겠니?"

"네가 이성 친구에게 고민을 털어놓았을 때 어떻게 반응하면 좋겠니?"

"네가 원하는 바를 갖춘 사람은 어떤 상대를 원할까?"

"현명한 사람이라는 것을 어떻게 알 수 있을까?"

"진짜 자상한 사람과 폭력성을 감추고 자상한 척하는 사람을 어떻게 구별하지?"

건강하게
잘 크고 있구나

"아빠도 자위해요?"

아이가 초등 3학년 때 일이다. 저녁을 먹고 있는데 아이가 갑작스레 던진 질문이었다. 자녀와 나누는 성에 관한 대화는 늘 어색하고 당황스럽다. 어떻게 접근을 해야 할지, 어디까지 말해도 되는지 가늠하기 어렵다. 많은 부모가 성교육을 제대로 받아본 적이 없고 성에 대한 대화를 금기하는 문화에서 자랐기 때문이기도 하다.

아이를 키우면서 예기치 못한 상황을 맞이할 때마다 자녀들은 건강하게 잘 크고 있는데 부모는 늘 준비가 덜 된 느낌이다. 뉴스에 보도되는 성 관련 사건들을 접할 때 공포와 분노, 위험을 느끼지만 성교육을 어떻게 해야 할지는 잘 모른다. 유치원이나 교육기관에서 법정 의무교육으로 아동성폭력 예방교육을 하고 있으니 부모가 교육하지 않아도 되겠거니 뒷짐지고 있을 일이 아니다. 거의 모든 기관에서 성교육을 의무적으로 실시하지만 실효가 있는지는 점검해봐야 한다.

 교육기관의 성교육은 형식적인 경우가 많다. 오히려 아이들의 성적 호기심만 키워 문제를 발생시키는 경우도 종종 있다. 유아들에게 성교육을 어떻게 할 것인가에 대한 연구는 시작도 하지 않은 수준이다. 학교의 성교육 현실도 대동소이하다. 아이가 학교 성교육 시간에 남자의 정자와 여자의 난자가 어떻게 만나는지 질문했는데 선생님이 자신의 질문을 무시했다며 속상해한 적이 있다.

 부모는 자녀의 성장보다 앞서 준비해야 한다. 자녀가 성에 대해 궁금증을 가지고 물어보면 대답을 해야 하는데 이때 부모가 준비되어 있지 않으면 교육할 수 있는 절호의 기회를 놓치고 만다.

* 대화와 존중으로
　　가정에서 성교육하는 법

아이들이 "정자와 난자가 어떻게 만나요?" "아빠 정자가 어떻게 엄마 몸속으로 들어와요?" "나는 어떻게 태어났어요?" "아빠도 자위해요?" 등 궁금증을 쏟아낼 때 준비한 성교육을 시작하면 된다. 미처 준비하지 못했더라도 이때부터라도 준비하면 된다.

아이의 자위에 대한 궁금증으로 시작된 대화를 살펴보자. 느닷없는 질문에 남편은 당황스러운 눈빛으로 나를 보았다. 나도 당황했지만 침착하고 자연스럽게 대화를 이어갔다.

딸: 아빠도 자위해요?
엄마: 우리 딸, 자위가 뭔지 알아? 건강하게 잘 크고 있네. 자위
　　　에 대해 어떻게 알았어?
딸: 학습만화에서 봤는데 남자들은 모두 자위를 한대요. 아빠
　　도 남자잖아요. 아빠도 자위를 하는지 궁금했어요.
엄마: 그랬구나. 아빠가 알고 있는 대로 말씀해주실 거야.

성과 관련한 대화를 나눌 때 우선 자녀의 모든 호기심을 환

영해준다. 모르는 것에 호기심이 생기는 건 당연한 일이다. 그 후 "자위에 대해 어떻게 알았어?" "자위가 왜 궁금해?"라고 물어보고 아이가 질문한 내용에 관해 어느 정도 알고 있는지 파악했다. 성교육 수위는 자녀의 성 인식 수준에 맞춰야 하기 때문이다. 위 대화에서 아이는 성 지식을 알고 싶은 게 아니라 단순히 아빠도 자위를 하는지 궁금해했다. 그래서 아이가 묻는 말에 대답만 하는 정도로 마무리했다. 만약에 준비하지 못한 상황에서 "아빠 고환에 있는 정자를 어떻게 엄마 배 속에 넣어 줬어요?(실제로 딸아이가 했던 질문이다)"라고 묻는다면 다음과 같이 대처하자.

1. "우리 ○○이 건강하게 잘 자라고 있구나."라고 부모에게 질문한 것을 반가워한다.
2. 어떻게 알았는지, 왜 궁금한지를 물어서 아이의 성 인식 정도를 확인한다.
3. 어떻게 설명해야 할지를 모르겠다면 공부한 다음에 설명해 주기로 하고 시간을 확보한다. 혹시 더 궁금한 점이 있는지 물어본다. 만약 성교육 준비가 되어있다면 자연스럽게 대화를 이어가면 된다.
4. 청소년 성교육에 대해 공부한다. 내가 했던 공부 방법은 학

습만화 읽기, 유튜브에서 성교육 동영상 보기, 자녀 성교육 관련 도서 읽기다. 성교육 관련 영상과 책은 분량이 적어서 시간이 많이 들지 않는다. 학습만화는 아이들 수준에 맞춰 쉽게 설명되어 있고, 아이들 역시 학습만화로 성에 관심을 가질 확률이 높아 부모도 참고하면 좋다.
5. 자녀와 학습만화를 함께 읽는다. 공부한 내용을 직접 설명하려면 자녀의 성에 대한 관심과 수위를 맞추기 어려울 수 있으니 함께 읽으면서 대화로 풀어가는 게 더 수월하다. 초등 대상으로 성교육을 하기에 학습만화가 적합하다는 견해다.

자녀의 성 호기심에 당황하거나, 어물쩍 넘기려 하거나, 농담으로 장난스럽게 대응하지 말고 '잘 크고 있구나'라는 마음으로 진지하게 대응해주어야 한다. 학교와 부모로부터 해결되지 못한 호기심은 잠복해 있다가 성적 호기심이 폭발하는 사춘기에 또래 친구들끼리 해결하려 하면서 문제를 일으킬 가능성이 높기 때문이다. 따라서 반드시 부모 차원에서 1차적으로 성교육이 이뤄져야 한다.

나는 성교육 차원을 넘어 자녀에게 수시로 "건강하게 잘 크고 있구나." "건강하게 잘 커줘서 고마워."라는 말을 한다. 이 말은 자녀에게는 곧 부모의 사랑이며, 신뢰이며, 지지다. 부모의 사랑과 신뢰, 지지는 자녀가 스스로를 잘 키워나갈 힘이 된다.

아이를 무릎에 앉히고 뒤에서 앉아주며 "엄마 품에 쏙 안기던 게 엊그제 같은데 이렇게 컸구나. 건강하게 잘 커줘서 고마워."라는 말을 자주 한다. 어릴 적 추억을 꺼내 대화를 나누면 자녀의 성장을 축복하는 기회가 된다. 추억은 자신이 받았던 부모의 사랑을 되새기게 한다. 이때 자녀의 실수나 혼난 기억 등 부정적 기억을 끄집어내 감정을 불편하게 할 필요는 없다. 그리고 부모 스스로에게도 "건강하게 잘 크고 있구나."라고 말해주자. 나는 한 아이의 엄마로, 나 자신으로 건강하게 잘 크는 중이다. 가정은 아이와 함께 성장한다. 엄마도, 아빠도, 아이도 매일 서로 도우며 자라나고 있으니 서로서로 잘 크고 있다고 응원해주길 바란다.

SOLUTION
가정에서 성교육하기

가정 성교육의 핵심은 일상에서 대화로 자연스럽게 하는 것이다. 자녀의 성 인식 수준과 성장 발달에 맞게 대화하면 된다. 이때 자녀가 해당 정보를 어떻게 알았는지, 왜 궁금한지, 무엇을 알고 있는지 물어보면 아이의 인식 수준을 가늠할 수 있다.

▶ 학교 교육과정에 맞춰 대화 나누기

학교에서 보내주는 가정통신문이나 교육과정 운영안을 살펴보고 자녀가 학교에서 배운 성교육 내용에 대해 대화한다.

▶ 성교육 관련 영상과 책을 읽고 미리 공부하기

자녀가 성에 대한 질문을 하면 자연스럽게 교육할 준비를 한다. 2차 성징이 시작되기 전에 신체적 변화, 올바른 성 인식을 위한 교육을 준비하는 게 좋다. 대개는 학교에서 성교육 시간에 2차 성징에 대해 배우니 배운 것을 주제로 올바른 성 인식을 위한 대화를 한다.

▶ 성적 자기 결정권에 대한 훈련(동의와 경계, 존중 실천)하기

가족이라는 이유로 스킨십을 강요하지 말고 자녀에게 동의를 구한다. 가족이라도 억지로 뽀뽀하거나 포옹해서는 안 된다.

(예) · 할아버지가 안아주고 싶은데 안아도 되겠느냐고 물어본다.
- 샤워할 때, 샤워 후 몸을 닦을 때, 옷을 갈아입을 때 지켜야 할 기준을 가족 구성원이 함께 정한다.
- 방문이 닫혀 있을 때는 노크하고 답을 기다린다.
- 샤워할 때, 용변 볼 때는 화장실 문을 닫는다.

네 삶이 멋지다

 현대인의 일상에서 가장 많은 시간을 차지하는 것은 스마트폰이다. 아이들은 학교생활, 학원 숙제로 바쁜 와중에도 틈만 나면 스마트폰 속 세상을 즐긴다. 부모 역시 온라인 세상에서 자유를 느끼고, 자신을 표현하고, 스트레스를 푼다. 많은 사람이 스마트폰에 빠져 하루를 보낸다.

 나라의 주역은 청소년들이고 오늘 우리가 누리는 민주주의는 과거 청소년들의 희생 덕분이다. 불의에 저항하는 그들의 항쟁이 없었다면 우리나라의 민주화는 늦춰졌거나 없었을 수도 있다. 과거 청소년들이 현재를 만들었듯이 오늘 청소년이 보내는 시간이 우리나라의 미래를 만든다. 그러니 부모들은 우리 아이들이 어떤 시간을 보내는지 관심을 갖고 지켜봐야 한다.

그렇다면 요즘 부모들은 자녀에게 "네 삶이 멋지다."라고 말해주는가? 아니면 "스마트폰 그만하고 공부해."라고 말하는가? 매일 똑같은 아이들의 일상이 근사하고 멋지다는 게 무슨 말인지 부모들은 이해하지 못할 수도 있다. 그렇다면 부모의 하루는 어떤가. 멋지게 살고 있는가? 아니면 힘겹게 살고 있는가? 그냥 살아지는 대로 살고 있는가? 자녀들은 부모의 삶을 보고 자란다. 부모가 일상을 바라보는 관점이 곧 아이가 자신의 삶을 대하는 태도가 된다.

나는 아이가 사춘기에 들어서기 전까지는 "사랑해." "고마워." "예뻐." "귀여워." "사랑스러워."라는 말을 자주 했고, 사춘기에 접어들면서 "네 삶이 멋지다."라는 말을 자주 한다. 내가 멋지다고 생각하는 아이의 일상을 몇 가지 소개한다. 이 책 서두에 이야기한 '엄마 출입금지'라는 안내문을 붙여 자신의 의사를 표현한 게 정말 멋지다. 방학에 일찍 일어나 운동하면서 체력 관리를 하는 게 멋지다. 여가시간에 독서, 글쓰기, 그림 그리기, 노래 부르기를 즐기니 멋지다. 스마트폰을 스스로 통제하니 멋지다. 이 모든 것을 스스로 하고 있다니 정말 멋지다. 사실 아이들은 존재 자체만으로 빛이 난다. 그런 아이들이 사춘기라는 한 번도 겪어보지 못한 시간을 보내며 스스로 삶을 꾸려가기 위해 애쓰는 것만큼 멋진 일이 또 있을까.

✽ 말하는 대로 되는 '라벨 효과'

우리 부모님은 성인이 된 후부터 나를 자랑스러워했다. 부모로서 아무것도 해준 게 없는데 스스로 잘 컸다며 자랑스러워하셨고, 고맙다는 말도 자주 하셨다. 모든 것으로부터 자유를 얻은 성인이 된 후 내 삶은 내가 책임지고 살았다. 대학교 등록금은 장학금을 받아 해결했고, 생활비는 아르바이트로 해결했고, 모든 문제를 내가 해결하며 지금까지 살고 있다. 지금의 멋진 내 삶은 부모님의 자랑스러워하는 마음과 청소년기에 방임된 경험 덕분이다. 자유롭게 성장한 경험이 있었기에 자녀에게 자율을 가르칠 수 있었고, 성인이 된 후 받게 된 부모의 기대가 있었기에 독립적으로 살 수 있었다.

심리학에 '레테르 효과'라고도 하는 '라벨 효과'라는 개념이 있다. 상품에 라벨을 붙이듯 상대방에게 '당신은 이러이러한 사람이다'라고 정의하면 그 기대대로 행동한다는 이론이다. 쉽게 말해 '말하는 대로 된다'는 의미다. 우리 부모님이 라벨 효과를 알고 있던 것은 아니지만 나는 부모의 기대대로 성장했다. 나 또한 아이에게 "네 삶이 멋지다."라는 말로 긍정적인 라벨을 달고 있다.

중요한 것은 라벨 효과는 긍정적으로도 작용하지만 부정적으로도 작용한다는 점이다. 아이를 통해 잊고 있던 라벨 효과의 중요성을 깨달은 일이 있었다. 사춘기 딸의 멋진 삶을 응원하는 것과 별개로 부족한 부분을 지적하고 "그래, 너 평생 그렇게 살아!"라며 화를 내기도 했다. 이런 상황이 몇 번 반복되자 아이는 "그래요. 나는 엄마가 말한 대로 평생 그렇게 살 거예요. 내가 어른이 돼서도 똑같이 못난 모습을 보여야 엄마가 그렇게 말한 걸 후회하겠죠!"라고 말했다. 엄마가 라벨을 붙여준 대로 살겠다며 겁을 준 것이다. 그때 정말 '아차!' 하는 마음이 들었다. 부모들이 무의식적으로 아이들을 정의한 말이 평생 자녀의 인생이 된다니. 정말 무섭지 않은가.

✳ 미래보다
현재에 충실한 아이가 되기를

동서양의 삶의 방식을 비교한 연구 중 미국과 한국 아이들이 자기 삶을 이끄는 방식을 비교한 것을 보았다. 미국 아이들은 자기 능력을 과대평가하고, 한국 아이들은 과소평가하는 경향이 있었다. 이런 사고방식의 차이로 미국 아이들은 자신의 장점을 부각해 더 발전시키고, 한국 아이들은 부족한 부분을 성장시키기 위해 노력한다.

왜 이런 차이가 생기는 걸까? 가장 큰 이유는 관점의 차이에 있다. 미국의 교육은 아이의 '지금'의 가능성과 잠재력에 집중한다. 반면 우리나라는 아이의 부족한 부분을 개발해 '미래' 성장에 중점을 둔다. 미국 아이들은 지금 잘하는 걸 더 잘하는 데 주목하고, 우리 아이들은 미래를 위해 달린다. 미래는 중요하다. 하지만 행복한 지금이 없다면 미래가 무슨 소용인가. 우리 아이들은 지금 행복하고 자신감 있게 살아야 한다. 그리고 그렇게 살 수 있게 아이를 응원하고 내 삶이 멋지다고 말해주는 게 부모의 역할이다.

자녀에게 삶이 멋지다는 의미를 부여해주자. 아이들은 부모가 부여해준 삶의 의미를 나침반 삼아 살아간다. 잘하는 것에만 칭찬과 보상을 주지 말고 사소한 행동 하나하나에 의미를 부여해주면 아이는 점점 더 멋진 삶을 꾸려나간다. 아이 스스로 "내 삶은 멋져!"라고 생각할 수 있게, 자기 삶을 존중하며 꾸려나갈 수 있게 해주자.

아이들의 삶을 응원해주려면 부모 자신의 삶도 멋지다고 말할 수 있어야 한다. 나는 내 삶이 멋지지 않다고 여겼었다. 부족함을 채워 멋진 미래를 만들기 위해 정말 열심히 달렸다. 그러다 번아웃을 경험한 후 사실 그동안 살아온 모든 순간이 의미가 있었음을 알아차렸다. 내가 내가 깨닫지 못했을 뿐 매 순간이 멋진 삶이었다. 그리고 이제 나는 현재에 충실한 삶을 살며 행복을 누린다.

SOLUTION

아이를 움직이는 부모의 말 연습하기

대부분 부모의 자녀교육은 행동 교정에 맞춰져 있다. 부모는 자녀의 잘못된 행동을 찾아 규명하고 올바른 행동을 가르치는 것이 교육이라 생각한다. 자녀는 부모가 붙여주는 라벨(정의)대로 행동한다. 부모가 원하는 대로 행동을 교정하기를 바란다면 눈에 거슬리는 행동에 초점을 맞추기보다 잘한 행동에 '멋진' '근사한' '현명한' '따뜻한' 등의 긍정적 라벨을 붙여주자.

▷ 아이 행동을 받아들이는 연습하기

부모로서 아이의 잘못을 방치하는 것 같아 힘들겠지만 받아들이자. 좋은 행동을 하는 것보다 나쁜 행동을 하지 않는 게 더 중요하다.

▷ 아이의 변화를 아낌없이 칭찬하기

아이가 변화되거나 올바르게 실천한 행동이 있다면 놓치지 않고 인정해 준다. "웬일이냐?" "그렇게 하니 얼마나 좋니. 내 속이 다 후련하네." 등의 빈정거림은 금물이다. 아이가 실천한 것을 알면서 아무 반응을 않는 것도 안 된다. 행동을 인정한 후에는 부모의 감정을 말하거나 칭찬한다.

(예) "책상 정리했구나. 정말 깔끔해졌네!"

"깔끔해진 책상을 보니 내 마음이 다 깨끗해진 느낌이야."

"스스로 책상 정리하는 거 정말 멋지다!"

▷ 내가 한 일에 스스로 칭찬하는 모습 보여주기

부모 스스로 자신의 행동을 인정하고 칭찬하는 모습을 보이면 어느 순간 아이도 부모의 좋은 행동을 보았을 때 자신의 감정을 표현하게 될 것이다.

(예) "엄마가 오늘 화장실 청소를 했어. 화장실이 반짝반짝 빛나지? 고생한 보람이 있어 기분이 좋다!"

"오늘 힘든 일이 있었는데 용기를 내서 잘 해결했어."

2장

부모의 태도 연습

마음이 단단한 아이로
키우는 일상 태도

누구보다 자신을
잘 아는 아이로 키우기

　부모교육 강의를 나가면 부모들에게 "아이의 가능성은 무한하니 아이를 믿고 기다려주세요."라는 말을 자주 한다. 하지만 교육자로서의 마음과 엄마로서의 마음을 같게 하기란 참 어렵다. 나 역시 가끔은 아이가 학업에서 뒤처질까 전전긍긍할 때가 있다. 공부가 인생의 전부가 아니란 건 알지만 부모 역할의 기준이 없으면 주변에 휩쓸려 부모의 욕심대로 아이를 공부에 희생시키고 만다. 자신의 의지가 배제된 공부가 과연 아이 인생에 어떤 영향을 줄까? 부모의 등살에 떠밀려 공부하는 아이는 과연 행복할까?

인간으로서 우리가 바라는 궁극적인 행복은 바로 '자기 자신으로 사는 것'이다. 그것이 인간으로 누려야 할 기본권이라면 우리는 아이들에게 그것을 보장하고 있는가. 미래의 행복을 빌미로 아이가 현재 누려야 할 행복할 권리를 침해하고 있지는 않나 진지하게 돌아보아야 한다.

✱ 자아 인식이 어려운 아이들

청소년기는 '자아 인식self-awareness' 개념이 형성돼야 할 중요한 시기다. 자아 인식은 쉽게 말해 '자신을 이해하는 능력'이다. 발생 시기에 대한 의견은 분분하지만 자아 인식은 사회적 발달과 자기 효능감 등에 영향을 미치는 중요한 요소다.

자아 인식이 형성된 아이들은 '나는 축구를 잘해' '나는 네가 이렇게 할 때 슬퍼'와 같이 자신의 심리직, 내재적 능력이나 감정을 알아차리고 자발적으로 표현할 수 있다. 공적 자아(다른 사람과 있을 때 자신의 모습)와 사적 자아(혼자 있을 때 자신의 모습)를 구별하고, 자신의 내면을 구체적으로 생각해 추상적으로 표현할 수 있다. 그런데 현실은 어떨까. 아이들은 자아를 잘 인식하고 있을까?

아이들에게 잘하는 게 뭔지 물어도 "잘하는 게 없어요." "생각 안 해 봤어요."라며 관심 없다는 듯 퉁명스럽게 말한다. 아이의 감정이 어떤지 물어도 "몰라요." "그냥이요."라고 답하거나 말없이 눈물을 뚝뚝 떨굴 뿐이다.

우리나라에서는 자녀의 자아 인식 수준을 높이는 게 성적 올리기보다 어렵다. 그 첫 번째 이유는 유교사상에 있다. 자아 인식을 높이기 위해서는 자신이 좋아하는 게 뭔지, 무엇을 잘하는지, 지금 어떤 감정을 느끼는지 자신을 오롯이 살피고 객관적인 사실과 감정을 있는 그대로 존중하고 받아들여야 한다. 하지만 우리나라의 유교사상은 잘하는 게 있더라도 드러내면 겸손하지 못한 것이라 가르치고, 감정을 솔직하게 표현하면 불경하니 자기 감정을 숨겨 예의를 갖추라고 가르친다.

두 번째 이유는 주입식 교육에 있다. 무조건적인 지식 습득을 강요하는 교육환경에서는 학생 개인의 감정, 흥미, 관심이 철저히 무시되고 아이를 보호해야 할 부모마저 강압적인 환경에 공조한다. 이런 상황에서 아이들은 스스로 자기 감정을 무시하고 있다. 감정을 무시하는 것이 대학 입시를 위한 노력이며, 힘든 감정은 극복해야 할 대상으로 착각하며 자기를 잃어간다.

✱ 자신을 소중히 여기는 아이로 키우자

아이들에게 미래를 위해 지금의 감정을 희생하라고 강요하는 것이 과연 학업에는 어떤 영향을 끼칠까? 하버드대학교 심리학과 교수 대니얼 골먼Daniel Goleman은 '성공이란 20퍼센트의 IQ(지능 지수)와 80퍼센트의 EQ(감성 지수)로 만들어진다'라고 했다. IQ는 타고나는 지능으로 학업 성적에 영향을 미치고 EQ는 후천적인 환경과 노력으로 키울 수 있으며 종합적인 능력에 영향을 미친다.

자아 인식은 EQ의 영역이다. 학령기 12년 중 입시에 힘을 쏟아야 하는 고등 3년을 제외한 9년 동안은 자신에게 집중해야 한다. 자신에게 집중하는 아이들은 유혹에 쉽게 흔들리지 않는다. 상황을 객관적으로 판단하고, 자신의 생각과 감정을 직시하고, 스스로를 소중히 대할 줄 안다.

혹여나 자기에게 집중하는 것과 이기적인 것을 혼동하지 않기를 바란다. 자기에게 집중한다는 게 어떤 것인지는 이 책 전반에서 다루고 있으니 천천히 읽어나가보자.

인생을 살면 자신의 의지와 상관없이 온갖 시련을 맞이하게 된다. 시련은 어른들에게만 오지 않는다. 아이들도 아이 나름

대로 시련을 겪는다. 위기의 순간에도 자아 인식이 잘 형성된 아이들은 시련을 객관적으로 판단하고, 그때의 자기 감정을 받아들이고, 스스로 해결 방안을 모색할 수 있다. 그리고 이를 통해 삶에 감사하는 법을 배우고, 스스로 자신을 이끌 만큼 성숙해진다.

SOLUTION

자신에게 집중하는 연습하기

아이에게 일상의 주인은 자기 자신이라는 점을 상기시켜 스스로에게 집중할 수 있도록 자극을 주자. '동화책 읽기'를 예를 들어 살펴보자.

▶ **엄마와 함께 동화책을 읽기**
함께 책을 읽을 때 부모는 아이의 반응을 관찰하며 특성을 발견하는 눈이 생긴다.

▶ **책을 읽은 후 느낀 감정과 생각을 나누기**
자신의 감정과 생각에 집중하고 객관적으로 볼 수 있는 시간을 마련한다. 동화책에는 다양한 감정들이 묘사되어 있고, 아이들은 동화책을 읽으며 등장인물과 동일시를 경험한다. 책 제목과 등장인물의 이름은 정확히 말한다. 책에서 일어나는 일에 어떤 감정을 느꼈는지 물어보자. 부모가 느낀 감정에 대해서도 쉽고 명확하게 얘기하면 아이에게 참고가 된다.

㉑ "오전에 읽었던 책에서 ○○이는 이럴 때 무섭다고 했잖아. 넌 어때?"

"엄마는 가슴에서 무서움이 쿵쾅쿵쾅 분주하게 뛰어다니는 소리가 들려."

"엄마는 ○○장면이 너무 무서워서 (등골이 오싹했어/손에 식은땀이 났어)."

원하는 것을
직접 요구할 수 있는 아이

사람들은 평소 자신을 잘 안다고 착각하며 살아간다. 하지만 사실은 그렇지 않다는 걸 깨달았을 때 '나는 누구인가?' 생각하며 혼란스러워한다. 자신을 파악하는 데 가장 중요한 능력은 '메타인지'다. 메타인지란 쉽게 말해 자신이 무엇을 알고, 무엇을 모르는지 객관적으로 구분하고 인지하는 능력이다.

내가 생각했을 때 메타인지의 중요성을 강조한 가장 유명한 인물은 '너 자신을 알라'라고 말한 고대 그리스 철학자 소크라테스다. 메타인지에서 가장 중요한 것은 지식도, 학문도 아니다. 삶을 살아갈 때 가장 먼저 알아야 할 것은 바로 자기 자신이다. 자녀의 학업에서도 메타인지는 중요하다. 메타인지가 높은 아이들은 학업을 사교육에 위탁하지 않고 자신의 필요에 맞게 활용한다. 학원을 가야 한다면 왜 가야 하는지 명확히 인지하고 자신의 뜻에 맞춰 결정한다.

메타인지를 키우겠다고 학원에 다니는 아이들도 있다. 하지만 메타인지는 사교육으로 얻을 수 있는 능력이 아니다. 뇌 과학자들은 메타인지를 높이는 방법으로 독서, 토론, 설명하기, 글쓰기 등을 추천한다. 여기서는 일상에서 자녀의 메타인지와 주인의식을 높여주는 '요구하기'에 대해 얘기해보려 한다.

✱ 무엇을, 왜, 어떻게 원하는지 아는 아이

메타인지가 낮은 아이들은 자기가 무엇을 원하는지 모르기 때문에 자신이 원하는 바를 제대로 요구하지 못하고 상대의 요구에 맞춰 참고 견디는 경향이 있다. 메타인지를 높이기 전에 '요구'라는 개념을 명확히 할 필요가 있다. 요구는 명령, 지시, 욕망, 욕구와 혼용되어서는 안 된다. 요구는 '필요에 의해 달라고 청하는 것'이다. 아이들은 원하는 게 있으면 대부분 말로 정확히 요구하기보다 칭얼대거나 조른다. 연령이 낮을수록 떼쓰는 일이 더 많은데 그 이유는 요구 능력이 발달하지 않았기 때문이다. 부모 역시 마찬가지다. 아이들에게 원하는 바를 정확하게 전달하지 못하고 명령과 지시를 하는 이유는 요구 능력이 부족해서다. 요구 능력이 부족하다는 것은 곧 메타인지가 낮은 것과 연결된다. 부모도 자식에게 제대로 요구해야 하고, 자식도 부모에게 정확히 요구할 줄 알아야 한다. 요구하기는 다음의 3가지 요건이 갖춰져야 한다.

1. 요구 파악하기(what)

가장 먼저 자기에게 '무엇'이 필요한지 명확히 알아야 한다. 그러기 위해서는 자신의 상황을 객관적으로 분석하고 판단할 수 있는 메타인지가 되어야 한다.

2. 논리 갖추기(why)

그것이 자기에게 '왜' 필요한지 논리를 갖춰야 한다. 논리가 있는 아이들은 자기만의 논리로 대응하기 때문에 억지 부리거나 반항하지 않는다.

3. 설득하기(How)

자신이 요구하는 것을 '어떻게' 얻어야 할지 생각해보고, 자신만의 논리로 상대방을 설득해야 한다. 타당한 이유로 상대방을 설득하고 납득시켜 요구를 관철한다.

제대로 요구해본 적이 없는 아이들이 처음부터 자신이 원하는 바를 똑 부러지게 주장할 수는 없다. 그럼 어떻게 요구할 수 있게 할까? 그 방법은 '요구 경험'을 쌓는 것이다. 아이가 여섯 살이 된 해 봄 무렵이었다. 아이가 친구 대부분이 미술학원에 다니고 있다며 자기도 미술학원을 보내 달라고 했다(요구 파악하기). 아이도 미술 활동을 좋아해 보내볼까 생각했지만 어린 나이부터 학원을 보내면 예술성이 떨어질 거라는 생각에 보내지 않고 있었다. 먼저 아이에게 왜(논리 갖추기) 미술학원에 가고 싶은지 물었다. 아이는 친구들이 학원에 가면 예쁜 재료들이 많다고 자랑해 자기도 예쁜 재료들을 써보고 싶기 때문이라고 했다(설득하기). 아이는 미술학원을 다니고 싶었던 게 아니라 예쁜 재료가 필요한 것이었다. 그날 오후 아이와 함께 문구점에 가서 원하는 재료를 고르게 하고, 재활용품을 활용해 다양한 재료를 보충해주었다. 아이는 요구했고, 자기가 원하는 것을 이뤘다.

또 하나의 예를 들면 중학교에 들어간 아이가 스마트폰을 새 것으로 바꿔달라고 요구했다. 새로 바꿔야 하는 논리는 10가지도 넘었다. 논리가 타당했기에 아이의 요구를 들어줘야 할 상황이었다. 이때 엄마도 요구하기를 했다. 스마트폰 기기의 성능이 좋아지면 사용 시간이 늘어날 수 있으니 기존처럼 절제하여 사용하기를 요구했다. 서로의 논리가 명확했기에 수용하기로 하고 아이에게 스마트폰 기종을 분석하고 비교해 오라고 했다. 이 과정에서 아이는 기기의 가격과 통신요금을 매월 납부해야 한다는 사실을 알게 됐다. 그리고 이 값을 치르고 스마트폰을 바꿀 필요가 있는지 고민했다. 나는 제대로 활용한다면 충분히 가치가 있다고 말해주었고 아이도 그렇게 하겠다고 약속했다.

이런 방식으로 일상에서 아주 작은 것부터 시작해 요구 경험을 쌓을 수 있는 환경을 만들어준다. 간식을 먹고 싶을 때, 옷을 고를 때 아이가 원하는 바를 묻고, 왜 그것을 원하는지 논리를 만들도록 하는 것이다. 이제 아이는 뭔가를 요구할 때 자기만의 논리를 갖춰 얘기한다.

✱ 말하지 않아도 척척 해주는 엄마 지니의 위험성

하지만 무엇보다 중요한 게 있다. 바로 '엄마 지니'가 사라져야 한다. 알라딘 요술램프 속 '지니'는 주인이 소원을 빌면 무엇이든 이뤄준다. 요즘 아이들에게는 엄마 지니가 있다. 요술램프 속 지니는 소원을 빌어야 들어주지만 엄마 지니는 자녀가 말하지 않아도 알아서 척척 문제를 해결해준다.

엄마 지니가 특히 위험한 것은 자녀가 요구하기도 전에 모든 걸 해결해주고 그 틈에 부모의 요구(욕망)를 집어넣기 때문이다. 너 잘되라고 학원도 보내고, 악기도 가르치고, 영어책도 읽게 하고, 구구단도 외우게 한다. 아이의 의지와는 상관없이 '너 잘되라는' 말 하나로 부모의 요구만 넘쳐난다. 그게 정말 아이를 위한 것일까? 이렇게 자신이 무엇을 원하는지 모르는 상태로 부모의 요구에 끌려다니기만 한 아이는 의존적이고 무기력한 아이가 될 수 밖에 없다.

자기 자신을 알면 삶에 대한 불안과 두려움, 망설임이 줄어든다. 필요한 걸 요구할 줄 알게 되고, 그에 대한 성취감과 책임감도 키운다. 정체성이 혼란한 사춘기를 넘어 그 이후 아이가 당당하게 자신의 삶을 살기를 원한다면 지니를 자청하지 말고 스스로 요구하도록 두면 된다. 소크라테스의 말처럼 너 자신을 알고 세상으로 나아가게 하자.

> SOLUTION
> ## 요구하는 경험 쌓아주기
>
> 아이가 부모에게 뭔가를 요구할 때는 편안한 경험이 되어야 한다. 아이가 요구 경험을 쌓는 것은 논리력을 키우기 위한 목적이 아니다. 부모가 논리에 중점을 두어 자녀 요구에 타당성과 합리성만을 따지거나 부모의 논리를 관철하려 한다면 자녀는 자신의 논리는 가질 수 있지만 수용이 부족하고 요구에 서툰 아이가 된다. 학원을 다니고 싶다는 아이의 요구를 수용해보면서 요구하기의 기본 원칙을 살펴보자.
>
> ### ▶ 자기 요구 살피기
> 자녀가 뭔가를 요구할 때 바로 결정하지 말고 자기의 요구가 타당한지 객관적으로 살필 시간을 주자. 아이의 논리를 듣고 요구를 들어줘야겠다는 판단이 서면 다시 요구할 기회를 준다.
>
> ㉠ "학원을 다니고 싶다는 거구나. 왜 그 학원을 다니고 싶은 거니? 이유가 무엇이니?"
>
> "그래, 함께 학원을 알아보고 결정은 ○○이가 하자."
>
> ### ▶ 선택지 제시하기
> 부모가 알아봐주기를 요구할 때는 두 곳 정도를 선택해 정보를 제공해주

고 결정은 자녀가 하도록 한다. 요구를 들어줘야 할지 판단이 서지 않을 때는 생각할 시간이 필요하다고 대답한다. 이때는 이틀, 일주일 등 명확한 기간을 함께 알려주면 좋다.

㉠ "엄마는 학원을 다닌다고 해결이 될지 판단이 서지 않아서 생각할 시간이 필요해. 일주일만 생각해볼게."

"엄마 혼자서 결정할 문제가 아니니 아빠와도 상의해보자."

행복한 학교생활은 자율성에서 시작된다

사춘기에 접어들면 '공부는 꼭 해야만 하는 걸까?' '어떻게 살아야 할까?' '나는 누구인가?' '나는 왜 태어났을까?' 등 자기 인생에 대한 고차원적인 질문을 한다. 사춘기는 꼬마 소크라테스가 되는 시기다. 자기가 무엇을 좋아하고, 무엇에 흥미를 느끼고, 무엇에 관심이 있는지 경험할 시기다. 그래서 중학생이 되면 교내외 활동 프로그램이 다양해진다. 다양한 교내외 활동에 참여하는 과정에서 아이들은 자기의 흥미와 관심, 가능성을 발견할 기회를 얻는다.

그런데 우리 아이들 사춘기의 실상은 어떤가? 아이들이 가장 많은 시간을 보내는 학교에서 답을 엿볼 수 있다. 학교에서 아이들의 모습은 몇 가지로 분류된다. 학원 숙제 하는 아이, 잠자는 아이, 수업에만 충실한 아이, 수업 시간이든 쉬는 시간이든 가리지 않고 노는 아이, 무기력한 아이, 수업과 교내활동 등 학교생활 전반에 자발적으로 참여하며 즐기는 아이가 있다.

사춘기 자녀를 둔 부모 역시 몇 가지 유형으로 분류된다. 자녀의 사춘기를 신경 쓸 겨를도 없이 바쁜 부모, 사춘기 자녀의 눈치를 보는 부모, 사춘기와 갱년기로 부딪히는 부모, '어떻게든 크겠지'라며 방임하는 부모, 사춘기의 심리를 무시하고 권력 행사하는 부모, 공부에만 전념하라는 부모로 분류된다.

아이들은 학교생활이 어떻든 학교를 다닌다는 사실에 위안을 얻고, 부모는 그저 학교에 잘 다니기만 하면 된 거라 믿으며 공부 뒷바라지에 열중한다.

아이비리그 대학에 입학한 한국 학생의 44퍼센트가 중도 포기하고 국내 명문대에 입학한 학생늘이 우울증과 공횡장에로 학업을 중단하는 일이 늘고 있다. 공부의 목적이 명문대 입학이었는데 목적을 달성하고 나니 삶의 의미와 가치가 상실되어 공황 상태가 되는 것이다.

아이와 함께 서울에 소재한 대학교로 견학을 간 적이 있다. 학교 시설을 둘러보고 대학생활에 대한 설명을 들은 아이는 "대학교는 작은 왕국 같아요."라고 소감을 남겼다. 하고자 하면 무엇이든지 가능한 곳이 대학교라는 것이다. 대학교는 자기 기량과 잠재력을 펼쳐 수학하는 곳이며 꿈을 펼치는 무대다. 학교에서 다양한 활동에 참여하며 즐겁고 행복한 기억이 있는 아이들은 대학생활을 설레는 마음으로 기다린다.

아이들이 지금 학교생활에서 즐거움과 의미를 충분히 만끽한다면 대학생활뿐만 아니라 사회생활, 결혼생활이 행복할 가능성이 높다. 경험의 가치와 그로 인해 느끼는 즐거움이 자신의 가능성을 열어주는 열쇠라는 것을 알기 때문이다.

✱ 스스로 꾸려가는 학교생활

중학교에 올라가게 된 아이에게 큰 걱정이 생겼다. 버스를 타고 다녀야 하는 먼 학교에 배정을 받은 것이다. 이로 인해 2가지 걱정이 생겼는데 하나는 친구관계 문제였고, 하나는 통학 시간 문제였다. 친하게 지내던 초등학교 친구들은 모두 집 근처 학교에 배정을 받아 친구들과 떨어져야 했고, 아이는 새로운 동네에서 새로운 친구들을 사겨야 했다. 통학 시간은 왕복 2시간이었다. 2시간이면 책 한 권을 읽을 수 있는 시간이고, 인터넷 강의 하나를 들을 수 있는 시간으로 엄청난 손실이다.

그렇게 딸과 엄마의 걱정이 이어지던 어느 날 학교를 다녀온 아이가 이렇게 말했다.

"선생님이 '넌 어디 가서도 즐겁게 지낼 거야'라고 얘기해주셨어요. 그런데 진짜 저는 어디 가서도 잘 지낼 거 같아서 더 걱정 안 하려고요."

담임 선생님의 응원에 걱정을 덜었다는 딸의 말에 정신이 번쩍 들었다. 아이도 자신을 믿고 있는데 부모로서 아이를 온전히 지지해주지 못한 것만 같았다. 그날 이후로 나 역시 아이를 믿고 걱정을 내려놓기로 했다.

처음 걱정과 달리 아이는 학교생활을 잘 만끽하고 있다. 금방 친구들을 사겼고, 긴 통학 시간은 풍경을 감상하고 사색하는 추억과 낭만이 가득한 시간으로 만들고 있다.

학교에서는 안내방송을 해보고 싶어 담낭 선생님을 찾아가 기회를 얻기도 했다. 방송을 마치고 선생님과 친구들에게 아나운서 같다는 얘기를 들었다고 자랑스레 얘기한다. 교내활동뿐만 아니라 도내 청소년 활동에 참여하고, 수업 시간에도 자발적으로 참여한다. 수업에 열정적이니 선생님들의 칭찬이 따르고 아이의 마음은 춤을 춘다. 학교의 위치는 문제가 아니었다. 학교생활을 어떻게 하는지가 훨씬 더 중요한 것이었다.

요즘 아이들은 단체생활에서 인간관계를 맺을 기회가 상당히 부족하다. 학원과 학교에 단체로 모여 있지만 개인 활동을 할 뿐이다. 인간관계 속에서 갈등하고, 마음을 나누고, 자기를 표현하고, 상대를 이해하는 등의 경험이 부족하다. 사춘기 때 인간관계 경험이 부족한 아이들은 성인이 된 후에 집단생활에 적응하는 데 어려움을 겪는다.

사춘기 자녀가 학교생활 전반에 자발적으로 즐겁게 참여할 수 있도록 관심을 가지고 응원해주자. 자녀의 공부와 성적에만 관심을 가지지 않기를 바란다. 자기 인생에 대한 열정은 자발적일 때 끓어오른다. 공부에 대한 열정 또한 자발적일 때 희생이 아닌 노력이 된다. 자기 열정으로 지금을 사는 아이들은 대학 입학 후 성인이 되어서도 잠재력을 펼치며 즐겁고 행복한 삶을 영위해 나간다.

학생들이 불행한 이유는 아무 선택권 없이 공부만 해야 하기 때문이다. 선택권 없는 공부와 책임은 힘들 때 삶을 원망하게 한다. 자녀의 가능성은 성적표나 학원, 교과서 안에서 발견할 수 없다. 다양한 경험과 활동을 통해 자기 안에 잠들어 있는 잠재력을 펼쳐보일 때 발견할 수 있다.

  아이가 즐겁고 행복한 학교생활을 하도록 걱정을 내려놓고 아이를 믿어주고, 하면 안 되는 일의 가이드를 제시하며 원하는 것은 뭐든 해볼 수 있는 자유를 주자. 다양한 경험과 다양한 인간관계로 자기 안에 잠자는 가능성을 발견하면 아이는 열정적으로 자기 시간을 살아간다.

SOLUTION
학교생활에 간섭하지 말기

부모는 학교생활에 관심을 갖되 직접 개입하지 않아야 한다. 혹시 아이가 학교생활의 불편함을 선생님이 해결해 줄 수 있도록 전화해달라고 해도 단호히 거절해야 한다. 학교생활을 담임교사에게 물어보는 것과 해결해 주는 것은 전혀 다르다. 부모는 자녀 스스로 학교생활을 해나갈 수 있도록 묻고, 듣고, 위로하고, 격려하고, 함께 머리를 맞대고 해결을 궁리할 수 있다. 하지만 실제 나서서 행동하는 것은 아이가 해야 한다는 점을 명심하자.

▶ **학교에서의 문제는 스스로 해결하게 하기**

  부모는 학교생활에 관심을 갖되 직접 개입하지 않아야 한다. 혹시 아이가 학교생활의 불편함을 선생님이 해결해 줄 수 있도록 전화해달라고 해도 단호히 거절해야 한다. 학교생활을 담임교사에게 물어보는 것과 해결해 주는 것은 전혀 다르다.

미루지 않고 곧바로
행동하게 만드는 대화법

사춘기 자녀는 지금 즉시 해야 할 심부름이나 요구 사항을 받아도 '이따가'를 외치기만 할 뿐 도무지 움직이려 하지 않아서 부모 속을 터지게 한다. 자녀는 어쨌든 하기만 하면 된다고 생각하고 부모는 즉시 행동하기를 원한다. 아이가 움직이기를 기다리던 부모는 결국 참지 못하고 본인들이 해버리고 만다. 하지만 아무리 답답해도 공부와 사회생활까지 부모가 대신해 줄 수 없는 노릇이다.

늦장 부리는 아이들에게 부모는 게으름뱅이로 규정하는 말을 던진다. 부정적인 부모의 비난과 잔소리를 들은 아이는 '나는 게으른 사람이야'라고 규정하고(자기 규정) 미루는 행동은 결국 습관이 된다.

✱ 정리 정돈의 효과

인생을 살아가는 데 태도는 중요하다. 태도는 곧 그 사람의 인품이기 때문이다. 행동을 보면 그 사람을 알 수 있다는 말처럼 보이지 않는 생각은 행동으로 표현된다.

아이가 평생 가져가야 할 인생의 중요한 태도는 초등기에 익혀두는 게 좋다. 미루지 않고 바로 행동하는 습관을 들이기 위해 초등학생인 아이를 어떻게 가르칠 것인가는 내게 큰 숙제였다. 아이에게 즉시 행동하는 습관을 들이기 위해 여러 방법을 시도했다. 그 결과 '정리 정돈'이 가장 효과적이라는 걸 알게 됐다. 정리 정돈을 가르칠 때 청결이나 청소 개념으로 가르치지 않고 '바로 행동하기'로 접근한 것이다.

1969년 미국 스탠포드대학교의 심리학자 필립 짐바르도 Phillip Zimbardo 교수는 깨진 유리창 실험을 했다. 치안이 허술한 골

목에 보닛을 열어둔 두 대의 자동차를 일주일 동안 방치했다. 같은 조건이지만 그중 한 대는 자동차 유리를 고의로 깨놓았다. 방치한 지 10분 만에 유리창이 깨진 자동차는 배터리나 타이어가 사라졌다. 일주일이 지나자 낙서와 파손으로 반 고철이 되어 버렸다. 이 실험은 사소한 문제라도 즉시 개선하지 않으면 향후 더 큰 문제가 발생할 수 있다는 것을 보여준다.

정리는 정신적 해이를 바로 잡는 힘이 있다. 불필요한 것은 버리고, 필요한 것은 바로 실행해 마무리하는 태도로 연결된다. 즉, 정리는 곧바로 행동하는 습관을 길러준다.

일상의 작은 것이라도 소홀히 여기지 않고 행동하는 사람은 생활에 불편한 문제들을 회피하거나 미루지 않고 바로 해결하려 한다. 문제를 해결해 본 경험이 많으면 혜안이 생긴다. 정리 태도에 관해서는 뒤에서 다시 얘기하기로 하고, 여기에서 정리는 바로 행동하기라는 점을 더 얘기하려 한다.

✱ 비유를 통해
스스로 생각해보게 하기

즉시 몸을 움직여 정리하는 것의 중요성을 여러 번 설명해주었지만 아이는 쉽게 실천하지 않았다. 아이에게 자꾸 미루게 되는 이유가 무엇인지 스스로 생각해보도록 했다. 아이는 귀찮아서, 다음에 또 사용할 물건이니 시간의 효율성을 고려해 한꺼번에 정리하는 게 편해서라고 답했다. 그리고 가장 큰 이유는 자신이 정리를 잘한다고 생각하기 때문이었다.

친구들 중에 자기 방이 제일 깨끗해 친구들이 집에 놀러오면 "와, 진짜 깨끗하다!"라고 놀란다고 했다. 아이가 그런 생각을 하고 있었기 때문에 부모의 정리 정돈에 대한 가르침은 동기부여가 되지 않고 잔소리로 들렸던 것이다.

먼저 아이에게 태도는 타인과 경쟁하기 위한 것이 아니고, 학업보다 중요하다고 강조했다. 태도는 자기 관리의 기본이고 좋은 태도는 학업 태도로 연결된다고 알려줬다.

아이에게 즉시 행동하는 것의 중요성을 설명했고, 하지 않는 이유를 묻고, 그 이유를 알게 됐다. 다음은 어떻게 해야 할까? 비유를 통해 스스로 생각을 바꾸도록 해야 한다. 서울대학교 심리학과 최인철 교수는 《프레임》이라는 책에 '비유가 사람들이 그 실체를 바라보는 프레임을 완전히 바꿔놓는다'라고 밝혔다.

엄마: 만약에 네가 기업가가 돼 사람을 채용하는 상황에 있다고 가정하자. 같은 조건의 두 사람 중에 한 달 동안 능력

을 평가한 후 한 사람만 정직원으로 채용할 수 있는데 두 사람 모두 능력 면에서는 우수해. 그런데 한 사람은 바로바로 정리하고, 한 사람은 정리를 미룬다는 차이가 있어. 어떤 사람을 채용할 거니?

딸: 당연히 바로 정리하는 사람이죠.

엄마: 그렇구나. 이유가 뭐니?

딸: 정리를 바로 하는 사람은 일도 바로 잘하지 않을까요? 정리를 미루는 사람은 일도 미룰 것 같아요.

자녀의 잘못된 행동을 꾸짖는 잔소리보다 비유를 통해 스스로 생각하게 한다. 물론 논리에 비약이 있을 수 있다. 정리를 미룬다고 해서 일을 미룬다는 근거는 없다. 정리는 미뤄도 일을 우선으로 깔끔하게 마무리하는 사람들도 있다. 논리와 근거가 약한 비유지만 초등학생 자녀의 이해 수준에서 이 정도 논리면 충분하다.

다음은 학교에서는 정리도 바로 하고, 수행 과제도 바로 한다며 자기를 변론하는 아이에게 적용한 비유다.

엄마: 가족이 외식하러 간다고 상상해보자. 똑같은 조건의 식당이 있어. 음식, 가격, 분위기 등 조건이 두 곳 모두 만

족스러운 곳이야. 그런데 한 곳은 화장실이 깨끗하고, 한 곳은 화장실이 더럽고 지저분해. 너는 어떤 식당에 갈 거니?

딸: 화장실이 깨끗한 식당이요.

엄마: 왜 화장실이 깨끗한 식당을 가려고 하니?

딸: 보이는 곳만 깨끗하고 보이지 않는 곳은 지저분할 수 있잖아요. 요리하는 곳도 보이지 않아서 지저분할 수 있을 것 같아요.

하나를 보면 열을 안다는 잔소리를 하지 않아도 된다. 아이 스스로 비유를 통해 연결된 사고를 할 수 있기 때문이다.

교언영색하는 태도는 쉽게 드러난다. 면접 후 앉았던 의자를 제자리에 밀어 넣고, 사용한 물건을 정리하는 사소한 행동은 아무리 코칭을 받고 연습해도 당황하면 잊어버릴 수 있다. 태도는 무의식적인 습성이기에 가치관이 바로 서 있어야 자연스럽게 행동으로 나온다.

인간의 행동은 잔소리 한 번에 쉽게 바뀌지 않는다는 것을 알지만 자녀에게는 그런 기적이 일어나기를 바라며 자꾸 지적과 잔소리를 한다. 하지만 아이들을 바꾸는 것은 부모의 태도다. 부모의 가치관이 행동, 대화, 비유 등을 통해 아이에게 지속해서 축적될 때 아이는 가치관에 영향을 받고 이는 곧 행동 변화를 만들 것이다.

SOLUTION
마무리하기로 성취감 키우기

아이를 바로 행동하도록 움직이는 또 하나의 동력은 바로 '성취감'이다. 일상에서 쉽게 할 수 있는 작은 행동들을 실천함으로써 성취감을 자주 느낄 수 있도록 하자. 아무리 작은 일이라도 마무리하는 습관으로 성취감을 얻은 아이는 스스로를 '무엇이든 할 수 있는 사람'으로 생각하게 된다.

▶ **성취감을 키우는 행동을 습관화하기**
- 예 · 식사 후 자기가 사용한 그릇 싱크대에 갖다 놓기
- · 기상 후 이불 정리하기
- · 쓰레기는 바로 쓰레기통에 버리기
- · 공부를 마치면 바로 책상 정리하기

스마트폰 교육은
빠를수록 좋다

우리는 이제 스마트폰이 필수인 세상을 살고 있다. 업무, 의사, 소통, 정보 습득, 문화 소비 등 모든 활동이 스마트폰으로 이뤄진다. 기술을 통해 편리해진 세상에서 굳이 스마트폰을 쓰지 않을 이유는 없다. 문제는 '인간이 스마트폰을 스마트하게 사용하는가?' '인간이 스마트폰의 노예를 자저하시는 않는가?' 이다.

청소년 스마트폰 과의존이 심각하다. 스마트폰 과의존이란 일상에서 과도하게 스마트폰을 사용하고, 스마트폰 이용 정도를 스스로 조절하지 못해 가정·학교생활 등에서 여러 문제를 겪는 상태를 말한다. 통계청에서 발표한 〈2018년 한국의 사회지표〉에 따르면 스마트폰 의존율이 가장 높은 연령대는 10~19세 청소년으로 나타났다. 〈2018년 스마트폰 과의존 실태조사 결과〉에 따르면 3~9세 스마트폰 과의존 위험군은 2015년 17.9%에서 이듬해 19.1%로 증가했고, 다음 해에는 20.7%로 높아졌으며 전체 조사 대상 연령층 가운데 가장 높은 증가 폭을 기록했다고 한다.

디지털 기기가 우리 자녀들에게 미치는 문제는 심각하다. 스마트폰 사용 시간이 많아지거나 과의존 상태가 되면 자신의 잠재력을 살필 시간이 없어진다. 잠재력 잠식뿐만 아니라 자기 잠식(심리학에서는 '스스로 해를 입히는 일'로 사용한다), 비판적 사고력 잠식이 심각해진다.

자신이 어떤 성향인지, 어떤 분야에 관심과 소질이 있는지 궁금하면 아이들은 인공지능에게 묻는다. 인공지능이 내놓은 데이터가 곧 자기 모습이라고 확신한다. 자신만의 철학은 몰라도 어떤 유형의 사람인지는 확신하고, 자신의 감정을 알아차리지 못해도 어떤 감성 지수가 높은지는 안다. 스스로 자기 자신을 탐구하기보다 데이터가 알려주는 자신에 대한 정보를 아무런 비판 없이 받아들인다.

사춘기는 아이들의 올바른 스마트폰 사용 규칙을 교육할 수 있는 마지막 기회이다. 이미 아이들이 스마트폰을 접한 후 교육하고자 하면 훨씬 큰 노력이 필요하다. 스마트폰을 사용하기 이전에 올바른 인식을 심어주는 게 가장 중요하다.

✱ 자기 통제력을 키워주는 비판적 사고

스마트폰 선행교육에서 가장 핵심은 '비판적 사고'를 하도록 돕는 것이다. 스마트폰을 몇 살에 사주느냐, 사용 시간을 잘 지키느냐의 문제보다 더 중요한 것이 있다. 바로 '신뢰'와 '사랑'을 바탕으로 한 교육이다. 스마트폰 선행교육을 준비하면서 보게 된 한 영상을 통해 그 핵심을 깨달았다. 영상의 내용은 대략 이렇다.

한 가정에서 아이들에게 스마트폰 선행교육을 하고 있다. 의사인 엄마는 아무리 바빠도 자녀들이 학교에서 돌아와 정해진 보관 장소에 스마트폰을 두었는지를 도우미 아주머니를 통해 매일 확인한다. 스마트폰 잠금 패턴을 공유하고 정기적으로 자녀의 스마트폰을 검사한다. 엄마는 아이들은 자제력이 부족한 나이인지라 철저한 통제와 감시를 해야 한다고 했다.

강력한 통제만으로도 스마트폰 사용을 줄일 수는 있지만 신뢰와 존중이 없다면 자녀의 건강한 정신을 지키지는 못한다. 부모가 아이를 믿지 못하면 아이도 스스로를 믿지 못한다. 자기 조절은 자기 신뢰를 바탕으로 한다.

인간은 통제와 강제의 대상이 아니다. 인간은 스스로 통제할 수 있는 교육 대상이다. 스마트폰 선행교육의 목적은 부모의 신뢰와 사랑을 전제로 자기의 비판적 사고를 통해 스스로 통제하는 힘을 기르는 것이다. 하지만 여전히 많은 부모가 강제와 통제, 보상과 벌, 잔소리와 방임으로 자녀들을 교육하고 결과는 좋지 않다. 이는 교육의 고질적 문제로 대두되지만 여전히 비판적 사고 없이 반복한다.

영유아기에는 최대한 미디어 노출을 삼가는 게 좋다. 이 시기의 잦은 미디어 노출이 아이들의 뇌 발달에 악영향을 미친다는 사실은 수많은 연구 결과가 뒷받침한다. 따라서 영유아에게는 미디어에 노출되지 않는 환경을 만들어주는 게 중요하다.

어린이집과 유치원에서 교육용 목적으로 보여주는 경우도 있어 외부 환경까지 통제하기는 어렵지만 가정에서 만큼은 노출되지 않는 환경을 만들어야 한다. 교육용 영상도 마찬가지다.

나도 영어교육만큼은 영상을 활용하고 싶었지만 영어 실력보다 건강한 뇌를 선택해 영유아기에는 영상 노출을 하지 않았다.

초등학교에 입학한 아이가 스마트폰을 사달라고 요구하면서 선행교육의 필요성을 느껴 교육을 시작했다. 스마트폰 사용이 인간에게 미치는 영향이 무엇인지, 인간이 발명한 인공지능에 지배되지 않고 현명하게 사용하는 방법은 무엇인지 스스로 생각해보도록 초등 6년간 교육했다. 우리는 주로 대화를 통해 스마트폰 교육을 했는데 아이와 나눴던 대화 주제 몇 가지를 소개해 보고자 한다.

1. 어린이 신문이나 뉴스에 보도된 '스마트폰 과의존증과 중독으로 인한 문제점'에 대해 함께 읽고 생각을 나눴다. 스마트폰의 편리함과 긍정적인 면에 대해서도 함께 대화했다.
2. 스마트폰 사용이 뇌에 미치는 영향에 관한 영상도 함께 찾아보고 대화했다.
3. 스마트폰 사용과 문해력의 관계에 대한 연구를 함께 읽고 대화했다. 지하철에서 스마트폰을 사용하는 사람들의 모습을 보며 우리나라 학생들의 문해력을 함께 걱정하기도 했다.
4. 미디어 노출이 전두엽에 미치는 영향에 대해 알아봤다.
5. 디지털 기기와 가장 밀접한 인물인 빌 게이츠, 스티브 잡스

등 실리콘밸리의 주역들은 왜 자기 자녀들의 디지털 기기 사용을 규제했는지에 대해 이야기를 나눴다.

스마트폰의 문제점을 일방적으로 주입하거나 강제하지 않고 함께 '왜?' 그런가를 생각하고, '어떻게' 해야 할지를 고민했다. 스마트폰의 부정적인 면만을 강조하여 사용을 제한하고 통제하는 방향으로 교육하면서 죄책감을 심어주는 일은 주의해야 한다. 스마트폰의 긍정적인 면도 함께 알려주며 현명하게 사용할 방법을 고민하게 하는 것이 교육의 핵심이다.

이런 대화교육을 통해 아이는 자신이 조절할 수 있는 능력이 생길 때쯤 스마트폰을 사달라고 했다. 왜 스마트폰 사용을 조절해야 하는지 자신의 논리가 있기 때문에 부모의 제재 없이도 중학생이 된 지금까지 스스로 사용 시간을 조절하며 사용하고 있다.

✱ 부모의 스마트폰 사용도 점검해야 한다

솔직히 말하면 우리 부부도 스마트폰을 과용한다. 나는 블로

그, 인스타, 단톡방 운영, 유튜브 강의 듣기 등 업무 용도만으로도 스마트폰과 동거동락하고 있다. 엄마는 작가와 강사가 직업이라 노트북과 스마트폰이 사업장이라는 것을 아이도 알고 있지만, 가끔은 부모의 스마트폰 과용을 염려하며 주의를 줄 때가 있다.

많은 부모가 아이들과 스마트폰 사용으로 인한 갈등만 없어도 살 것 같다고 한다. 그러나 모순되게 자신들은 아무런 통제 없이 스마트폰을 사용하고 있다. 그런 모습을 보면 아이들은 '엄마, 아빠는 맘대로 스마트폰을 쓰면서 왜 나만 못 쓰게 하는 거야?'라고 생각한다. 이런 모순은 아이들의 반발심을 키우고 감정의 골을 깊게 만든다. 아이들을 통제하기 이전에 부모 스스로 스마트폰 사용 패턴을 돌아보고 비판적 사고를 해야 한다.

이미 우리 일상에 들어온 이상 디지털 기기의 이기를 누리는 것은 인간의 권리다. 인간이 불 없이 살 수 없듯, 이제는 스마트폰 없이 살 수 없는 세상이 되고 있다. 불을 안전하고 유익하게 사용할지, 재앙이 되게 할지 결정하는 것은 불의 능력이 아닌 인간의 능력인 것처럼 스마트폰도 스마트하게 사용한다면 효율적인 일상을 위한 도구가 된다.

SOLUTION
스마트폰 사용 교육하기

스마트폰을 손에 쥐어주면서 사용 규칙을 정하거나, 이미 손에 쥐어준 후에 통제하는 것은 실효가 적다. 스마트폰을 사용할 시기가 왔을 때 선행교육을 하며 아이가 통제력을 갖도록 하자. 선행교육의 핵심 내용을 살펴보자.

▶ **인공지능 시대를 통찰해보기**
대화를 통해 본인이 어떤 시대를 사는지 생각해보고, 세상의 주인은 인간이라는 점을 인식하는 정도로 대화를 나눈다.

▶ **스마트폰(인공지능)의 필요성 알아보기**
자기가 직접 뉴스, 책, 영상 등 다양한 자료를 토대로 스마트폰의 필요성을 찾아보면 그에 대한 내용이 아이 머릿속에 잘 각인될 수 있다. 단, 영상을 볼 때는 반드시 부모와 함께 보자.

▶ **스마트폰 사용이 인간의 삶에 미치는 영향 알아보기**
필요성과 부작용을 함께 알아보면서 스스로 충분히 생각해야 스마트폰 사용에 대한 통제력을 갖는다.

▶ **스마트폰 사용에 대해 주기적으로 대화하기**
스마트폰 사용에 대한 자녀의 생각과 부모의 생각을 초등 6년 동안 꾸준히 대화한 후 자기가 조절할 수 있겠다고 판단할 때 스마트폰을 자유롭게 사용하도록 한다. 한국지능정보사회진흥원 '스마트쉼터'에서 청소년 대상의 '스마트폰 과의존 척도' 검사를 제공하고 있으니 주기적으로 아이와 함께 검사해보자. 아이가 자신의 스마트폰 사용을 점검할 수 있는 계기를 마련해 줄 것이다.

책 속에서
길을 찾는 아이

'책 속에 길이 있다'라는 격언이 있다. 이 말은 책을 통해 무수한 세상을 경험할 수 있다는 뜻이다. 우리가 직접 만날 수 없는 수많은 사람과 그들의 생각을 간접적으로 경험할 수 있다는 게 책의 가장 큰 효용 가치라고 생각한다. 그리고 우리는 그 과정에서 내 안에 잠재된 무한한 가능성을 발견하기도 한다. 성공한 많은 사람이 책에서 기회를 찾았고 그들이 성공하기까지 끈기의 원천은 독서였다. 책을 가까이함으로써 우리는 우리가 나아갈 길을 찾을 수 있다.

✱ 책, 세상을 간접 경험하게 하다

   유아교육을 전공한 나는 자연스럽게 유치원 교사가 되었고 유치원 원장이 되는 게 목표였다. 그것이 당연하고 그 길밖에는 없다고 생각했다. 스스로 가능성과 기회로부터 고립되어 살았었다. 그러다 꾸준히 독서를 하게 되면서 변화가 생겼다. 내게 많은 기회와 가능성이 있다는 것을 깨달은 것이다. 독서는 내 시야를 확장하고, 다양한 삶의 방식과 길이 있음을 보여주었다. 유치원을 그만두고 작가와 강사로 전직한 후 지금은 이전에는 미처 알지 못했던 삶의 의미와 가치를 발견하고 행복하게 살고 있다.

   지혜로운 성인들은 자녀교육의 으뜸으로 독서를 말했다. 나 역시 독서를 통해 삶이 변하는 걸 체험했으니 아이에게 독서 습관을 들이기에 전념했다. 어릴 때부터 꾸준히 독서를 한 아이는 책 속에서 질문하고, 생각하고, 자기 길을 찾으며 살아간다. 나는 아이에게 특별히 꿈이나 진로에 대해 얘기하지 않았다. 대신 자신의 길을 찾고 살아갈 힘을 키우도록 독서, 토론, 글쓰기를 가르쳤다.

   책 읽는 아이는 스스로 책 속에서 기회를 찾고 꿈을 만난다.

책을 읽으며 알게 된 심리조향사, 소설가, 프로파일러, 뇌 과학자, 인류학자, 웹툰 작가, 초등교사, 교육행정가 등에 매력을 느끼고 어떤 공부를 해야 하는지, 어떤 일을 하는지, 사회적 인지도는 어떤지 등을 스스로 알아보기도 한다. 사춘기가 된 후에는 어떤 일에 자기 가슴이 뛰는지 적극적으로 찾고 있다.

아이는 책을 통해 자기에게 무한한 잠재력이 있다는 것, 사람마다 능력이 다르다는 것을 배웠다. 어려운 상황을 극복하고 가치 있는 삶을 사는 사람들의 이야기에서 불가능은 없다는 것을 배웠다. 불가능은 자기 스스로 한계를 두는 것이라는 걸 배웠다. 이는 곧 아이가 인생을 대하는 태도와 연결된다. 이제 겨우 중학생인 아이가 책을 통해 배운 인생의 지혜는 이토록 값지다.

✱ 심심하면
도서관에 가는 아이

아이는 초등학생 시절 학교 수업이 끝난 후 특별히 할 일이 없거나, 친구들과 약속이 없는 날은 심심하다며 학교 도서관을 찾았다. 초등학교 도서관은 일찍 문을 닫고, 대출도 두 권밖에 할 수 없었지만 초등 수준에 맞는 재미있는 책들이 많아 아이가 책에 흥미를 갖기에 충분했다. 책에 재미를 붙인 아이는 주말이면 공공도서관에 갔다. 방학에는 등교하듯 도서관에 출석할 정도로 좋아했다. 도서관이 학교이며 놀이터인 셈이었다. 초등학교를 졸업하기 전까지 도서관에 있는 책을 다 읽겠다는 목표를 세우기도 했다. 책과 멀어지기 쉬운 중학생이 되어서도 습관처럼 도서관에 간다. 도서관 최다 대출 상을 받기도 했고 여전히 틈틈이 도서관을 들르며 책을 가까이 한다.

자기 인생을 고민하는 사춘기 아이를 보며 학원 대신 도서관을 다니게 한 것에 보람을 느낀다. 책을 만날 기회를 열어주고 인연을 맺어주길 정말 잘했다고 생각한다.

사람은 나이가 들수록 꿈이 없어진다고 많은 사람이 생각한다. 하지만 독서하는 사람은 그렇지 않다. 나이와 상관없이 매일 새로운 세계를 만나며 새로운 미래를 그린다. 부모들은 아이가 꿈을 꾸는 사람이 되길 바라고, 독서가 중요한 건 알지만 학업에 밀려 뒷전이 되기 일쑤다.

사춘기 아이들에게 독서 습관을 들이기는 쉽지 않다. 책을 좋아하던 아이들도 사춘기가 되면 여러 이유로 책과 멀어지는 경우가 많다. 따라서 사춘기 이전에 아이들에게 책 읽기의 즐거움을 심어줘야 한다. 아이들이 책을 가까이할 수 있는 환경을 많이 만들어주길 바란다. 가장 쉬운 방법이 도서관에 가는 것이다. 모든 부모가 자녀가 책과 인연을 맺기 위해 도서관에 즐겨가도록, 책 속에서 자신의 길을 찾도록 돕기를 바란다.

> **SOLUTION**
> **사춘기 아이들의 독서 흥미 높여주기**
>
> 독서 습관을 만드는 핵심은 책 읽는 환경에 노출하되 적극적인 개입은 자제하는 것이다. 특히 사춘기 자녀의 독서는 좋은 성적을 위한 수단이 아닌 인생의 방향성을 잡아주는 나침반으로 접근해야 한다. 무엇보다 조급함을 버리고 기다려야 한다. 부모의 역할은 자녀 인생에 변곡점이 될 기회들을 끊임없이 제공하며 스스로 기회를 잡을 수 있도록 돕는 것뿐이다.
>
> ▶ **아이의 관심사와 관련된 책 권하기**
> 자녀가 관심 있는 분야나 당면한 문제를 해결할 대안을 제시하는 책을 권한다. 사춘기 아이는 부모의 적극적인 개입을 불편해하기 때문에 스스로 방법을 강구하도록 책을 권하는 방법이 좋다. 책을 권하기 위해서는 부모가 책 정보를 많이 알아야 하고, 대화를 통해 지금 아이가 어떤 고민을 하는지 살펴야 한다. 생일이나 특별한 날 책을 선물해보자. 아이가 달가워하지 않고 읽지 않을 확률도 높지만, 인생을 바꿀 만한 책을 만날 수도 있다.
>
> ▶ **부모 먼저 책 읽기**
> 독서 습관 형성에 기본이며 가장 효과 있는 방법은 부모가 책 읽는 모습을

보여주는 것이다. 특히 사춘기 반항심을 해결하는 최고의 방법은 부모의 언행일치다. 자녀에게 아무리 권유해도 부모가 행동하지 않으면 아이들은 받아들이지 않는다. 자녀에게 원하는 바가 있다면 부모가 먼저 실천하는 것이 사춘기 자녀와 소통하는 기본 자세다.

부모의 솔직한 태도가
아이의 말문을 연다

 어린아이의 눈은 호수처럼 순수하고 맑다. 부모는 아이들이 어릴 때는 눈을 흘겨도 귀엽다며 가볍게 넘겼다. 하지만 사춘기가 되면 얘기는 180도 달라진다. '어디 버르장머리 없이 부모한테 눈을 치켜뜨냐'며 불호령이 떨어진다. 옛부터 웃어른에게 예의 바르게 말하고 행동하는 것을 중요하게 여겨온 동방예의지국의 후손이라 자녀의 감정보다 예의가 우선이다.

 바로 어제까지만 해도 아무것도 모르는 아이 취급을 하던 어른들이 말 한마디, 행동 하나하나에 사사건건 트집을 잡으니 아이들은 황당하다. 가뜩이나 신체, 감정 변화에 혼란스러운 시기를 지나고 있는 아이들은 주체할 수 없는 감정을 무분별하게 쏟아낸다. 그러면 부모들은 이때 바로잡지 않으면 아이의 미래에 나쁜 영향을 줄 거라는 걱정 속에 다시 아이를 몰아붙이는 악순환이 반복된다. 처음엔 격한 싸움이 이어지지만 계속해서 부딪히고 감정의 골이 깊어지면 아이들은 결국 마음과 말의 문을 닫고 만다.

✳ 감정의 불을 끄자

내 삶의 최고 가치는 자녀를 잘 키우는 것이다. 내 자녀와 세상의 모든 자녀들을 잘 키우는 것을 목표로 열심히 공부해왔다. 많은 부모를 교육해온 부모교육 전문가지만 나 역시 처음 아이의 치켜 뜬 눈을 마주했을 때 사실 많이 놀랐다. 전문가인 엄마나, 보통의 부모인 아빠나 아이의 감정을 다스리는 대신 예의를 따지는 건 똑같았다. 아이는 부모의 윽박과 호통에 눈물이 그렁그렁한 채로 사나운 눈길을 거두지만 감정은 더 격해진다. 그리고는 격해진 감정을 물건에 이입해 방문을 쾅 닫고 들어가 버린다. 행동에 감정이 실린다. 이때 부모는 또 참지 못하고 아이를 불러내 혼낸다.

아이와 한바탕 전쟁을 치르고 아이를 잘 키우고 있는지 혼란스러울 때 스스로 질문한다. '나는 무엇을 가르치려 한 걸까? 예의를 가르치려 한 걸까, 아니면 자신을 무시하는 행동에 부모의 권위를 세우려 한 걸까?' 부모가 권위를 무시당해 감정이 격해진 것처럼 자녀도 자기 감정을 무시당하면 감정이 격해진다. 어떤 경우이든 감정이 격해졌을 때는 옳고 그름을 따지고 가르치려 하지 말고 우선 멈춰야 한다. 격한 감정으로는 어떤 말과 행동을 쏟아낼지 알 수 없기 때문이다. 이때는 먼저 감정을 가라앉히는 게 급선무다.

스스로 감정을 조절하는 것을 '감정 조율'이라 하고 타인이 감정을 조율할 수 있게 도와주는 것을 '감정 코칭'이라 한다. 감정 조율과 코칭은 부모·자녀 간의 관계를 무너뜨리지 않는 가장 빠르고 효과적인 훈육법으로 많은 연습과 훈련이 필요하다. 먼저 이유를 불문하고 "서로 감정이 격해져 있으니 잠시 감정을 추스르고 이성을 찾고 대화하자."라며 물리적으로 격리해야 한다. 자녀를 방으로 돌려보내고 부모도 자신의 공간으로 돌아와 일상생활을 하며 차근히 자기 감정을 살펴본다. 이 단계가 지나야 서로 감정을 조율하고 대화가 가능해진다.

감정을 조율하는 응급처치에서 유념할 것은 아이에게 '너 지금 감정이 너무 격해져 있어'라고 아이의 감정을 다루는 것이 아니다. '내 감정을 나도 모르겠어. 내 감정을 먼저 살필 시간이 필요해'라고 부모 스스로 감정을 조율할 필요를 인지하는 것이다.

✽ '지금 나는'
　　대화법

사춘기 자녀에게 말문은 곧 마음 문이다. 부정적 감정이 대화를 통해 빠져나올 수 있도록 말문을 열게 도와줘야 한다. 아이의 말문을 여는 방법은 '나'를 주어로 사용해 대화하는 것이다. 주어를 '나'로 의식적으로 사용하지 않으면 '너'를 주어로 말하게 된다. 이는 상대방의 행동 혹은 감정을 탓하는 방식의 대화가 될 가능성이 있어 다시 감정이 격해질 수 있다.

　엄마: 엄마는 네가 나를 노려볼 때 '네 감정이 격해져 있구나'라
　　　　는 마음보다 '내가 어른인데 무시하는 구나'라는 마음이
　　　　들어.

딸: 저는 무시한 게 아닌데요. 엄마가 그런 마음이 드는 건 꼰대라서 그래요.

엄마: 엄마가 화났지만 차분하게 말할 때와 소리 지르고 화를 낼 때 어느 쪽이 네가 조금이라도 존중받는 느낌이 드니?

딸: 차분하게 말할 때요.

엄마: 나도 그래. 네가 화가 난 이유를 말로 표현할 때는 존중받는 느낌이지만, 노려보는 걸로 표현할 때는 엄마를 무시하는 느낌이 들어.

우리의 바람처럼 아이 입에서 '그렇군요. 다음부터는 조심할게요'라는 반응은 쉽게 나오지 않는다. 사춘기에는 공격 성향이 강해지고 자기 감정이 무시당한 경험이 많을수록 공격은 거세다. 그렇더라도 부모는 감정적으로 반응하지 말고 '나' 주어를 사용해 엄마의 감정과 상황을 자녀가 객관적으로 판단할 수 있게 해야 한다.

감정이 격해진 후뿐만 아니라 평상시 대화를 나눌 때도 습관적으로 '나'를 주어로 말하는 연습을 하자. '나'를 주어로 한다는 것은 곧 자기 표현이다. 자기의 마음과 생각을 표현해 알리는 것은 상대에게 존중과 배려할 여지를 주는 것이다. 자녀의 말문(마음 문)을 열기 위해서 평상시 부모의 말문을 먼저 열어보

자. 자녀가 참고할 수 있도록 예시를 주는 것이다. 부모의 가치관, 신념, 생각, 마음 등을 말문을 열어 알려주면 아이도 부모를 이해하고 존중하려 노력한다.

　초등학생 때부터 말문을 열 수 있게 환경을 만들어주고 대화하는 연습을 했더니 사춘기에도 아이는 자기 표현을 서슴없이 한다. 자신의 속마음과 생각을 말해주니 아이의 세밀한 부분까지 알게 되고, 더 잘 이해하고 존중할 수 있게 되었다.

　평상시 말문 열어두기가 중요한 이유는 사춘기 아이들은 감정이 격해지면 더 쉽게 말문을 닫기 때문이다. 평상시 대화를 한 경험이 많으면 자신을 표현하는 게 익숙해 감정이 격해진 후에도 편안하게 말문을 열게 된다. 대화하지 않으면 감정은 해소되지 않은 채 쌓인다. 그렇게 불편한 감정이 계속해서 쌓이다 보면 어느 순간 돌처럼 굳어 체한 것처럼 꽉 막힌다. 누구보다 가까워야 할 부모·자녀 관계가 불편해지면 자녀의 마음은 누가 돌봐주는가. 사춘기에 혼란하고 불안한 마음을 어떻게 다스려 나갈 수 있을까.

　나는 지혜로운 엄마이고 싶다. 지혜로운 사람은 끝없이 배우는 사람이다. 그동안 배운 전문 지식은 부모교육 강사로서 잘 사용하고 있다. 지금은 내 아이의 엄마로서 배우며 성장하고 있다. 배움은 끝이 없기에 계속해서 배우며 자식보다 한 뼘만큼만 더 성숙하고 지혜로운 어른이 되자는 마음이다. 이런 내 생각도 아이에게 솔직하게 말했다. 생각만 하고 있으면 아이와 다툼이 생길 때 자신의 노력을 알아주지 않는다는 억울함이 생길 수 있다.

아이와의 대화를 통해 무엇보다 자녀의 눈에 비치는 '나'를 객관적으로 보게 되었고 스스로를 성장시키는 계기가 됐다. 아이의 말문을 열어놓으면 부모의 지식과 생각으로 자녀를 일방적으로 키우는 것에서 벗어나 자녀를 통해 부모 자신도 성장할 수 있다. 자녀교육은 결국 상호보완적일 때 성공적으로 서로를 성장시킨다.

SOLUTION

솔직하게 대화하는 연습하기

자녀와의 관계에 있어 가장 중요한 제1원칙은 '솔직함'이다. 부모 먼저 자신의 마음과 생각을 솔직하게 말해보자. 말의 시작은 '나'로 한다. 내 생각과 느낌, 내가 본 것과 들은 것, 내가 원하는 것을 말하는 것이다. 부모라는 권위의식과 자존심을 내려놓고 수평적인 위치에서 아이를 존중하는 것이 대화의 시작이다.

▶ **부모 먼저 자신의 마음과 생각을 솔직하게 말하기**
말의 시작을 '너'로 하지 말고 '나'로 한다. 내 생각과 느낌, 내가 본 것과

들은 것, 내가 원하는 것을 말한다.

⑩ "나는 정리 정돈이 가장 기본적인 자기 관리라고 생각하기 때문에 네가 스스로 할 때까지 가르칠 거야."

"나는 너의 짜증스러운 말투를 들을 때 감정 쓰레기통이 된 느낌이야. 왜 화가 나는지 말해줄래?"

"나는 스마트폰이 보이지 않고 방문이 닫혀 있으면 '혹시 스마트폰 하는 게 아닐까'라는 마음이 들어. 너도 오해받는 거 싫잖아. 서로 마음의 안정을 위해 스마트폰을 엄마가 볼 수 있는 곳에 두면 좋겠어."

딴짓은 아이의 세상을
풍성하게 만든다

 부모들은 습관적으로 아이들에게 "딴짓하지 말고 공부에 집중해."라고 말한다. 부모에게 딴짓은 시간 낭비다. 하지만 아이러니하게 부모들이 바라는 대로 공부에 집중하기 위해서는 딴짓을 해야 한다. 지식을 얻는 공부의 과정은 즐겁지만은 않다. 공부의 즐거움은 지루한 훈련과 반복의 과정을 겪은 후에 얻을 수 있다. 그 과정에 다소 고통이 따르기 때문에 고통을 인내할 수 있는 원동력이 필요한데 그것이 바로 딴짓이다.

 공부하기 싫을 때 아이들의 모습은 대동소이하다. 작은 소리에도 민감하게 반응하고 쉽게 산만해진다. 조용해서 공부에 집중하고 있나 보면 졸고 있을 때가 많다. 그런 아이들이 딴짓할 때는 어떤 자극에도 반응하지 않는다. 딴짓은 공부로 키울 수 없는 상상력, 문제 해결력, 창의력, 몰입력 등 다양한 능력을 키운다. 무엇이든 성취하기 위해서는 과정의 수고로움과 고통이 수반되지만 딴짓은 그것마저 즐거움이 되는 경험이다.

사실 딴짓은 학업을 이어갈 수 있게 하는 동력이다. 나폴레옹은 전쟁 중에도 책을 읽었고, 빌 게이츠 Bill Gates는 공부보다 컴퓨터 만지는 걸 좋아했다. 에디슨의 발명은 공부가 아니라 딴짓의 결과이며, 워런 버핏 Warren Buffett도 병뚜껑을 모아 팔고 신문을 돌리며 딴짓을 즐겼다. 이런 시간들이 모여 그들의 성공이 완성된 것이다. 딴짓은 공부머리라 할 수 있는 전두엽을 활성화한다. 딴짓으로 충전된 에너지는 공부에 알토란 같이 쓰인다.

* 딴짓도
　시기가 있다

아이들이 공부를 좋아할까, 딴짓을 좋아할까. 그렇다면 부모들은 어떤가. 근무시간 내내 일만 하는가, 아니면 짬짬이 딴짓을 즐기는가. 딴짓의 효용을 명확히 알면 아이들이 딴짓하지 않고 공부에만 집중하기를 바라지 않을 것이다.

부모들이 딴짓을 기피하는 이유는 딴짓이 '의미 있는 여가활동'이란 걸 모르기 때문이다. 이때 의미 없이 빈둥거리기나 전두엽을 비활성화하는 스마트폰, 컴퓨터 등의 디지털 기기 사용은 제외다. 또한 딴짓은 나쁜 짓과 완전히 다르다. 나쁜 짓은 비윤리적인 행동이고, 딴짓은 윤리적인 범위 안에서의 활동이다.

인간에게 딴짓은 자유와 가능성이며 잠재력을 발견하고 발현하려는 본능이다. 부모가 딴짓의 본능을 통제하고 공부로만 끌고 가면 자아가 강해지는 사춘기에는 통제와 억압에서 벗어나기 위한 몸부림으로 위험한 짓, 나쁜 짓을 하게 될 가능성이 높다.

학령기 12년 중 딴짓을 자유롭게 할 수 있는 시기는 짧게는 초등 6년, 길게는 중등 3년까지다. 초등 6년 동안 딴짓으로 공부 동력의 기초를 마련하고, 중등 3년은 공부 시간을 늘리고 딴짓을 줄이면서 공부의 가치와 즐거움을 스스로 체험한다. 고등 3년은 공부에 집중할 때다. 배움의 가치를 알면 지난한 과정의 고통을 가치 있게 여기며, 그 후에 올 성취라는 달콤한 열매를 상상하며 힘을 낸다. 딴짓을 통해 성취감을 맛보기 위해서는 과정의 고통이 따른다는 걸 경험했기 때문에 가능한 일이다.

나는 일찌감치 그 중요성을 깨닫고 아이에게 딴짓을 허용했다. 아이는 친구들 사이에서 자유로운 영혼으로 통한다. 친구들이 아이를 부러워하는 이유는 딱 하나다. 딴짓을 마음껏 할 수 있기 때문이다. 친구들은 학원을 다니지 않고 그 시간에 자유롭게 딴짓을 하는 아이를 '외계인'이라고 했다. 아이는 학원을 강요하지 않고 마음껏 딴짓하게 해주는 우리 엄마가 외계인이라고 응수했다. 아이가 사춘기가 돼서도 스마트폰 같은 디지털 기기의 수동적인 활동에 흥미를 느끼지 못하고 과용하지 않는 것은 딴짓의 즐거움을 더 크게 맛보았기 때문이다.

딴짓은 자녀의 흥미를 끌어내는 최고의 교육이다. 아이는 어렸을 때부터 딴짓을 정말 많이 했다. 탐험가가 되어 주변 아파트의 놀이터를 오가며 탐험을 즐겼고, 책에서 본 신기한 것들은 다 따라서 실험하고 요리하며 즐겼다. 노래 부르기, 그림 그리기, 조각하기 등 예술 활동도 열심히 했다. 딴짓한 경험이 상상력으로 이어져 소설의 재료가 되어 단편소설을 쓰기도 했다.

아이에게 세상은 딴짓하기 좋은 놀이터다. 모든 것은 놀이 재료가 된다. 학년이 올라갈수록 시간적 여유는 줄어들지만 여전히 소소한 딴짓의 즐거움은 유지하는 중이다. 중학생이 되어서는 자신이 할 수 있는 만큼만 주도적, 자발적으로 공부하면서 여러 활동에 도전하며 즐겁게 생활한다. 학년이 올라갈수록 대학에서의 수학을 위해 스스로 공부 시간을 늘리고 딴짓 시간을 줄여가고 있다. 대학 입시라는 목표 때문이 아니라 자기가 하고 싶은 학문을 수학하기 위해 대학을 가고자 한다. 딴짓의 자유를 허용하니 가능성과 잠재력을 발견하고 자신의 길을 찾아간다.

세상에 가치 있고 쓸모 있는 것들을 많이 배울수록, 즉 딴짓을 많이 할수록 삶은 더욱 풍요로워진다. 청소년의 가장 큰 재산은 부모의 보호 아래 딴짓하는 시간이다. 성인이 되면 당면한 먹고 사는 문제를 해결하느라 딴짓 할 시간과 여유가 없다. 그동안 쌓아온 딴짓의 지혜로 문제를 해결하며 살아야 한다. 공부 뒷바라지도 때가 있는 것처럼, 딴짓 뒷바라지도 때가 있다. 딴짓을 지지받은 아이는 배움의 가치를 알기에 스스로 필요한 공부에 집중한다.

딴짓은 인생에 무수한 점을 만들어 내고 무수한 점들은 밤하늘을 빛내는 별처럼 한치 앞도 모르는 의문투성이의 삶을 빛낼 것이다. 어느 점이 어떤 미래로 이어질지는 아무도 모른다. 부모가 할 일은 무수한 점들이 이어져 그림이 완성되듯 아이들이 스스로 미래를 그려나갈 수 있는 환경을 만들어주는 것이다.

SOLUTION
딴짓하는 환경 만들기

아이는 어린 시절부터 다양한 경험이 쌓이면 자기가 뭘 좋아하는지 스스로 찾게 된다. 어릴 때부터 몸과 머리에 쌓인 다양한 경험은 이후 자녀가 다채로운 삶을 꾸려가는 데 든든한 자산이 된다.

▶ 영유아기의 딴짓 환경 만들기

영유아기까지는 손, 발을 움직이며 소근육을 발달시키는 놀이 활동을 시키자. 재활용품을 자유롭게 자르고 붙이는 만들기 놀이로 손을 움직이고, 놀이터나 놀이 공간에서 자유롭게 뛰어다니며 발의 감각을 높이는 것도 중요하다.

▶ 초등기의 딴짓 환경 만들기

초등기에는 생각을 넓히는 경험을 쌓는 것이 좋다. 박물관이나 미술관, 자연 경관(산, 공원, 호수), 문화예술(영화, 연극, 음악회, 뮤지컬), 사람들이 사는 다양한 형태를 볼 수 있는 곳(재래시장, 산촌, 어촌, 농촌)등을 다니며 아이에게 다양한 자극을 심어주자.

아이의 의지를 높여주는
부모의 일상 태도

 사춘기가 되기 전까지는 부모의 권력으로 자녀를 통제하는 게 가능하다. 하지만 사춘기가 되면 힘이나 강압으로 아이를 통제하기 어려워진다. 그러다 보니 많은 부모는 아이가 변화의 필요성을 깨달을 때까지 잔소리를 반복한다. 하지만 누군가의 강요로 인해 자신을 변화시키는 일은 잘 일어나지 않는다. 인간은 자신의 강력한 욕구, 경험, 깨달음을 통해 변할 수 있기 때문이다. 아이가 바뀌길 원한다면 변화의 필요성을 느낄 수 있도록 동기를 자극해줘야 한다.

스마트폰 같은 디지털 기기의 과용이 주의 집중 및 억제를 담당하는 전두엽의 기능을 저하한다는 것은 널리 알려진 사실이다. 스마트폰 과용의 부작용이 심각한 사회 문제로 대두되고 있어 다양한 매체를 통해 그 위험성은 알려져 있지만 개선되지 않고 갈수록 심화되고 있다. 독일의 뇌 연구자 만프레드 슈피처Manfred Spitzer 박사에 따르면 디지털 기기에 의존하면 기억력 장애, 사회성 저하와 감수성 약화를 겪는 디지털 치매 상태에 이를 확률이 높아진다고 한다.

나 역시 스마트폰 사용을 자제할 필요성을 느껴 자녀의 스마트폰 선행교육까지 철저히 했다. 하지만 정작 내 스마트폰 사용에 변화를 주지는 못했다. 많은 부모가 그렇듯 스스로 통제할 수 있는 어른이니까, 유익한 정보를 담은 영상이니까 괜찮다며 스마트폰 사용을 합리화했다. 설거지하면서, 운동하면서, 이동하면서 틈틈이 스마트폰을 들여다봤고 디지털 기기로 뭔가를 보고 듣는 것이 너무 익숙해져 습관적으로 틀어놓는 지경에 이르렀다.

그러던 어느 날 여느 때와 마찬가지로 스마트폰으로 영상을 보며 버스를 탔다. 그러다 문득 내가 어디를 가려고 버스를 탔는지 생각이 나지 않았다. 그날은 평소 가던 곳과 다른 목적지를 가야 해서 다른 버스를 탔어야 했다. 그런데 영상에 정신이 팔린 나머지 무의식 중에 자주 타던 버스를 탄 것이다. 이 일을 계기로 디지털 치매의 심각성을 몸소 경험하며 스마트폰 사용을 자제하기 위한 구체적인 방안을 고심하게 됐다.

✱　행동 변화를 이끄는
　　3단계 생각법

　다른 부모들처럼 나 역시 아이의 행동을 바꾸기 위해 다양한 방법을 시도했었다. 어릴 때 아이는 채소를 먹지 않았다. 균형 있는 영양 섭취의 필요성을 알려주거나, 영양이 불균형하면 병에 걸릴 수 있다고 위협도 해봤지만 소용없었다. 내 맘 같이 움직여주지 않는 아이에게 행동을 고치지 않는 이유가 무엇이냐고 물어보았다. 이유는 단순했다. 싫기 때문이다.
　그랬던 아이가 요즘은 샐러드를 직접 만들고, 채소 스프를 끓여 먹는다. 나물을 넣은 비빔밥도 잘 먹는다. 채소를 먹기 싫다며 헛구역질하던 아이에게 어떤 일이 있었던 걸까. 이유는 또 단순했다. 자신이 몸을 건강하게 가꾸어야 할 필요성을 느꼈기 때문이다.
　인간이 스스로 행동을 바꾸는 건 경험을 통해 깨달음을 얻을 때이다. 물론 아는 만큼 느낄 수 있기 때문에 문서 등의 형태로 표시된 '명시적 지식'도 필요하지만, 직접 혹은 간접 경험을 통해 체득되는 '암묵적 지식'도 필요하다. 암묵적 지식은 언어로 표현할 수 없는 주관적이고 개인적인 지식이기 때문에 책이나 논문을 통해 습득할 수 없다. 성공한 사람들의 공통적인 특징은 명시적, 암묵적 지식을 바탕으로 '무엇을' '왜' '어떻게'로 이뤄지는 자신의 논리가 명확하다는 점이다. 아이의 변화 과정을 통해 비유해 본다.

1. 무엇을

아이는 사춘기가 되어 외모에 관심이 많아졌다. 운동, 음식, 수면으로 건강 미인이 되고자 했고, 건강 관리를 목표로 세웠다. 자기가 무엇을 원하는지 명확하게 알고 있으니 목표가 구체적이다.

2. 왜

겨울방학은 건강하게 살을 빼고 복근을 만들 기회라고 했다. 자신이 선택한 운동과 음식이 건강에 미치는 영향을 분석했다. 왜 해야 하는지에 대한 자기 이유가 명확하다.

3. 어떻게

의사가 권하는 운동과 음식, 생활방식이 있는지 조사하고 자신에게 맞는 방법을 찾아 실천한다.

여기서 중요한 점은 이 모든 과정이 자신의 의지로 이뤄진 점이다. 다른 누구에 의한 행동이 아니다. 자기가 좋아서 스스로 하는 것이다. 부모로서 내가 한 일은 아이가 필요로 하는 식재료를 구입해준 게 전부다. 인생의 큰 전환점이 될 만한 행동이 아니어도 된다. 공부에 관한 행동 변화가 아니어도 된다. 부모가 자녀들에게 바라는 변화도 대단한 것이 아니다. 기본생활을 영위하는 데 필요한 소소한 행동들이다.

많은 부모가 '무엇을' '왜' '어떻게'라는 명시적 지식에 치중해 그보다 앞서 자리 잡아야 할 의지, 즉 암묵적 지식을 소홀히 하는 경우가 많다. 앞서 말했듯이 암묵적 지식은 경험을 통해 체득되는 것으로 인생을 살아가며 마주치는 변화·선택의 순간에 자신이 나아갈 방향을 잡는 기준이 된다. 따라서 자녀들이 자신만의 명확한 삶의 기준을 갖기 위해서는 반드시 명시적 지식과 암묵적 지식의 균형이 필요하다. 지식 그 자체로 아이의 행동을 바꿀 수는 없지만 지식을 통한 성찰은 행동을 바꾼다.

'아는 것이 힘이다'라는 말처럼 아는 것이 있어야 스스로를 성찰하고 행동에도 변화가 일어난다. 무지하면 많은 기회를 잃게 된다. 그런데 요즘 아이들은 아는 것은 많아졌지만 느끼는 것은 너무 적다. 이렇게 아는 것은 많고, 느끼는 것이 적으면 공감은 부족하고, 지식은 냉철해진다.

거창하지 않더라도 아이가 오늘 무엇을 배우고, 무엇을 느꼈는지 살펴보자. 또, 자녀가 바르지 못한 행동을 한다면 이유가 무엇인지, 어떻게 하면 바꿀 수 있을지 스스로 성찰할 수 있도록 도와주자. 내 아이 안에 잠든 가능성은 무한하다. 부모와 사회가 규정하지 않으면 가능성은 언제라도 아이의 의지에 따라 발현될 수 있다.

SOLUTION

자기 행동 교정의 원칙

사춘기 자녀와 소통에서 가장 중요한 것은 부모가 언행일치하는 모습을 보이는 것이다. 자녀의 행동을 지적하거나 요구하기보다 부모 자신의 행동을 먼저 교정해야 한다. 아이들과 가장 많이 부딪히는 스마트폰 사용을 예로 살펴보자.

▶ **부모가 솔선수범하기**

요즘 부모 자신도 스마트폰을 많이 사용하면서 자녀의 스마트폰 사용을 제한하는 일로 많은 갈등이 생긴다. 부모의 논리는 부모는 뇌 발달이 끝난 성인이고, 휴식과 뉴스 등 정보 습득을 위해 스마트폰을 사용한다는 것이다. 하지만 요즘 아이들에게 '내로남불'은 절대 통하지 않는다. 본보기만 통한다. 자녀의 스마트폰 과용이 걱정이라 변화를 원한다면 부모가 먼저 혹은 함께 스마트폰 사용 원칙을 정하고 실천해야 한다. 예를 들면 자녀가 스마트폰 사용을 하지 않는 시간에는 부모도 함께 제한한다. 자녀와 동등한 입장에서 생각하고 부모도 같은 원칙을 적용하는 것이 자녀 행동 교정의 시작이다.

삶을 바꾸고 싶다면
책상 정리부터 시키자

 정리 상태를 보면 그 사람의 정신 상태를 안다는 말이 있다. 토론토대학교 심리학과 교수이자 임상심리학자인 조던 피터슨Jordan Peterson은 《12가지 인생의 법칙》에서 '세상을 탓하기 전에 방부터 정리하라'고 말했다. 한 독일 심리학자의 연구에 따르면 회사에 책상이 지저분한 사람이 한 명 있는 것만으로도 몇 천만 유로의 손실이 난다고 한다.

 나는 정리와 삶의 관계를 생각하면서 주변을 관찰했다. 유치원 교사들의 교실, 가족의 집, 지인의 집, 자영업자의 사무실이

나 음식점, 카페 화장실 등의 정리 상태와 함께 그들의 삶도 관찰했다. 정리가 잘 된 공간에는 좋은 에너지가 느껴진다. 정리를 잘하는 사람의 삶에도 좋은 에너지가 느껴졌다. 정리전문가 마스다 미츠히로는 《청소력》에서 '당신의 방이, 당신 자신이다'라고 했고 이 말을 통해 공간과 사람이 닮는다는 점을 느꼈다.

정리의 중요성을 깨달은 후 가장 먼저 내가 쓰는 물건을 정리했다. 사용하지 않는 물건은 나누고 비웠다. 제자리에 필요한 물건만 놓인 공간에 머무니 나 역시 꼭 필요한 사람이 된 것 같았다. 물건 정리가 습관이 되니 마음 정리가 뒤를 이었다. 나는 마음을 정리할 때 글을 쓴다. 물건이든 마음이든 습관적으로 정리를 하니 내면의 빈 공간에 긍정적인 에너지가 채워졌다. 내면의 에너지가 맑고 상쾌해지니 부정적 에너지를 가진 사람을 만나는 게 불편해졌다. 그렇게 자연스럽게 사람 정리가 되었다.

물건, 마음, 사람까지 인생 전반에 걸쳐 정리가 이뤄지니 평정심을 갖게 되었다. 정리를 했을 뿐인데 감정 기복 없이 많은 일을 받아들이고, 평온하고 고요한 마음으로 바라볼 수 있게 되었다. '평정심'은 평온하고 고요하게 나를 지키는 힘이다. 혼란은 불행의 근원이고, 고요한 마음은 행복의 근원이다. 평정심은 혼란 속에서 질서와 균형을 잡을 수 있는 길잡이가 된다.

✱ 일상 태도를 잡아주는 2가지 습관

사춘기는 감정 기복이 심하다. 우울, 좌절, 수치, 불안 등 부정적인 감정을 쉽게 느끼고 예민하게 받아들인다. 평상시에 평정심으로 멘탈을 강하게 잡아 둔다면 감정 기복과 혼란 속에서도 질서와 균형을 유지하며 자기를 성장시켜 사춘기를 건강하게 보낼 수 있다. 그렇다면 자녀의 평정심을 어떻게 키울 수 있을까?

내가 찾은 방법은 '책상 정리'와 '일기쓰기'다. 아이는 글을 쓸 수 있게 된 초등 1학년부터 지금까지 일기를 쓰고 있다. 아이에게 일기쓰기의 좋은 점이 무엇이냐고 물으니 생각이 정리가 돼 좋다고 한다. 부모의 권유로 시작했지만 생각이 정리되고 머리가 맑아지는 걸 경험한 후로 자발적으로 꾸준히 지속하고 있다.

눈에 보이는 책상 정리보다 눈에 보이지 않는 마음 정리가 더 어렵다. 그럴 때는 보이지 않는 마음을 눈으로 직접 볼 수 있게끔 글을 쓰면 된다. 생각을 직접 눈으로 보면 비울 것이 보인다. 불필요한 생각을 꾸준히 비워내면 어느새 마음이 평온하고 고요해져 있음을 느끼게 된다.

초등학생 때부터 가방 정리, 옷 정리, 책 정리, 실내화 빨기 등 아이가 할 수 있는 일은 스스로 하도록 했다. 하지만 사춘기가 되니 정리하는 걸 귀찮아하면서 어떻게든 하지 않으려 애를 쓴다. 이럴 때는 청소하라고 잔소리하며 갈등을 만드는 것보다 정리해야 할 가짓수를 줄여 책임감 있게 관리하게끔 독려하는 것이 좋다.

사춘기가 된 아이가 모든 걸 귀찮아할 때도 책상만큼은 꼭 본인이 관리하도록 했다. 아이의 아침 시간은 매우 분주하다. 아침잠이 많은 아이는 겨우 침대에서 일어나 밥을 먹으며 머리를 말리고, 손에 과일을 든 채 집을 나선다. 하지만 그런 상황에서라도 반드시 해야 하는 것이 책상 정리다. 정리되지 않은 아이의 책상은 교재와 사용한 컵, 쓰레기가 널브러져 있었다. 책상을 정리하지 않은 채 등교하는 건 정리되지 않은 마음을 두고 가는 것이나 마찬가지다. 정리를 하다가 지각해도 그것은 아이의 책임이다. 지각하기 싫다면 미리미리 책상 정리를 하면 되는 일이다.

아이들은 정리하지 않는 행동에서 이기심을 키운다. 맛있는 음식만 먹고 음식을 담은 용기나 비닐은 그 자리에 그대로 둔다. 너무 이기적인 행동이다. 자신이 필요한 것만 취한다면 필요하지 않은 것은 누가 치우라는 건가.

현인들은 공부의 근본은 일상의 깨달음이고, 공부의 마지막은 일상으로 돌아가는 것이라고 했다. 어려운 수학 문제를 푸는 것보다 자기가 먹은 음식은 자기가 치우는 게 훨씬 중요하다. 반에서 1등 하는 것보다 자기가 사용한 물건을 제때 정리하는 게 우선이다. 영어 단어를 많이 외우는 것보다 자기의 책임을 알고 실천하는 것이 먼저다.

책상 정리는 최소 단위의 자기 관리다. 자신의 가장 사적인 공간도 관리하지 못하면서 어떻게 자신의 인생을 관리할 수 있겠는가. 사회에서 어떤 대단한 일을 하던 자기 영역은 스스로 정리해야 한다. 자신의 가장 기본적인 의무를 지키지 못할 만큼의 태도라면 자신의 책임도 쉽게 포기할 수 있기 때문이다.

SOLUTION
자기 관리 연습하기

공자는 학문의 시작을 '매일 아침 빗자루로 마당을 쓸고 닦고 깨끗이 청소하는 것'이라고 했다. 내가 머무는 공간을 깨끗이 하는 것이 자기 관리의 근본이고, 그것이 곧 학문의 시작이라는 말이다. 주변이 어질러져 있으면 마음도 함께 어질러진다. 주변과 마음이 정돈돼야 공부에도 집중할 수 있다. 자기가 머무는 공간을 정리하는 것은 곧 자신을 소중히 하는 것이며, 학생에게 자기 관리의 시작은 가장 오래 머무는 공간인 책상을 정리하는 것이다. 아이에게 공부보다 앞선 것이 자기 관리, 즉 삶을 대하는 마음가짐이라는 것을 꼭 알려주자.

▶ 등교 전 책상 정리하는 시간 갖기

아무리 잔소리를 해도 정리를 하지 않던 아이가 하루아침에 바뀌지는 않는다. 이럴 때는 시간을 정해 정리하는 습관을 들여주자. 아침 등교 전에는 반드시 책상을 정리하는 시간을 갖자. 8시에 등교를 한다면 7시 50분부터는 책상 정리를 하는 것이다. 아침에 책상을 깨끗이 해놓으면 하교 후 침대보다 책상 앞에 앉을 확률도 높아진다.

자신과의 약속은
반드시 지키도록

우리는 살면서 많은 작심삼일을 경험한다. 의욕만 앞서고 의지가 따르지 않을 때, 의욕은 쉽게 꺾이고 중도 포기하게 된다. 나 역시 '아침형 인간'이나 '미라클 모닝' 같은 성공 이야기를 듣고 새벽 기상에 의욕을 불태우기도 했지만 단 삼일도 해내기가 쉽지 않았다. 의지가 박약하기 때문이라 여기고 의지를 키울 방법들을 찾아 실천해보기도 했다. 화장실에 알람시계 두기, 5부터 1까지 거꾸로 세고 일어나기, 새벽 기상 SNS에 인증하기 등 여러 방법을 시도했지만 여전히 습관이 되지 못했다. 의욕과 의지로 행동을 변화시키려니 지키지 못했을 때는 스스로를 자책했다.

새벽 기상에 도전한 지 8년이 지난 지금도 매일 지키지는 못하지만 이제는 자책하지 않는다. 대신 새벽에 일어나기로 '나 자신과 약속한 날'은 반드시 제시간에 맞춰 일어난다. 매일 일어나는 시간을 자신과 약속하면 지키기가 한결 쉽다. 몸 상태나 일정에 따라 일어나는 시간을 자신과 약속한다. 새벽에 일어나지 않아도 되는 날과 못 일어날 것 같은 날은 나와의 약속을 하지 않으니 부담이 없다. 새벽 4시에 기상하기로 약속한 날이 많지만 아직까지 잘 지키고 있다. 의지로 행동을 바꾸려 했을 때는 의지박약이라며 자책하게 되어 멘탈이 흔들렸었다. 하지만 필요에 의해 자신과 약속을 한 이후로는 지키지 못하는 날은 없다.

✱ 나를 살게 하는 인생의 '가치'는 무엇인가

자신과의 약속은 다짐이나 목표를 넘어서는 '가치'를 의미한다. 새벽 기상을 목적으로 했을 때는 일어나지 못한 날이 많았다. 목적은 무거운 몸을 일으킬 충분한 명분이 되지 못했다. 하지만 인생의 가치를 작가가 되는 것에 두니 글을 쓸 시간을 마련해야 했고, 새벽 기상이 최고의 대안이었다. 그러다 보니 새벽에 일어나는 게 전만큼 힘들지 않았다. 그 어떤 것보다 가치가 나를 움직이는 최고의 명분이었다.

가치가 명확하면 자신과의 약속이 생기고 그것을 지키게 된다. 나는 4년간 거의 매일 운동을 2시간씩 하고 있다. 사람들은 의지가 대단하다고 하지만 나는 이것이 의지가 하는 일이 아니라는 걸 안다. 요즘도 의지는 '오늘만 좀 쉴까?'라며 하지 않을 이유를 찾는다. 의지는 연약한 모습으로 존재하려 하기에 언제나 무너질 준비가 돼 있다. 하지만 명확한 가치를 세우면 의지는 함께 강해진다.

하루 2시간 운동을 4년째 지속할 수 있었던 동력은 인생 최고의 가치를 건강에 두었기 때문이다. 건강해야 자녀교육, 글쓰기, 강사, 행복한 삶 등의 하위 가치를 실현할 수 있다. 건강을 최고의 가치로 두니 의욕과 의지를 앞세우지 않아도 자신과 약속을 지키게 된다. 상황에 따라 약속하지 않는 날은 의지가 부족해 실천하지 못한 게 아니기에 자책할 이유가 없다.

가치관교육의 중요성을 깨닫고 교육에 적용하려 했던 경험이 스스로 가치를 세우며 살게 했다. 가치관교육의 중요성을 인지한 건 한 권의 책 덕분이다. 쓰레기마을이라 불리는 세계 3대 빈민 도시 필리핀 톤도에서 발견한 희망 교육을 다룬 《가장 낮은 데서 피는 꽃》이라는 책이다. 톤도의 진짜 문제는 불결한 환경이 아니라 아이들의 가치관을 제대로 정립할 교육 환경이 부재한 데 있었다. 이 책은 가난과 절망 속에서도 삶의 의미를 찾고 자신을 귀하게 생각하도록 돕는 톤도 교육센터의 이야기를 통해 가치관교육의 중요성을 보여준다.

이 책을 읽은 후 부모교육을 할 때 가치관교육을 적용하려고 연구하고 노력했다. 내 삶에서도 나만의 가치관을 정립하기 위해 노력했다. 그 과정에서 멘탈을 강하게 하는 것은 의지보다 가치관이라는 걸 알게 됐다. 삶의 방향성이 뚜렷한 사람은 굳은 심지 같은 마음으로 일상을 살아갈 힘을 매일 새롭게 충전하기 때문이다.

✱ 가치,
　자신과의 약속

내가 가치를 따라 인생을 살아가니 아이 역시 자연스레 자신의 가치를 세우고 삶을 이끌어간다. 가치관을 세운 이후에 생긴 변화된 아이의 일상을 소개해보려 한다. 부모들은 항상 자식의 건강을 걱정한다. 나 역시 유난스럽게 자녀의 건강을 신경 썼었다. 바른 먹거리를 먹이고, 영양제를 챙기고, 햇볕을 쬐며 운동하도록 했다. 건강이 중요하다는 것은 아이도 알지만 아이의 의지 없이 부모의 의욕으로만 끌고 가려니 매우 힘들었다. 어린 시기에는 강압적으로라도 건강에 좋은 거라며 먹일 수 있었지만 사춘기가 된 후에는 제시간에 밥을 먹어주는 것만으로도 감사할 지경이 된다. 정크푸드와 달콤함에 길들여지는 입맛을 막을 방법이 없었다.

그러다 아이의 가치관이 바뀌니 변화가 일어났다. 건강을 인생의 가치로 두고 매일 운동하기, 몸에 좋은 음식 먹기, 정크푸드 줄이기 등 자신과의 약속을 세운 것이다. 아이는 매일 실외운동 30분, 실내운동 30분을 하고 영양제와 물을 알아서 챙겨 먹는다. 음식에 들어간 채소를 기가 막히게 골라내더니 이제는 아침에는 샐러드를 먹고, 저녁에는 채소스프를 만들어 먹는다. 참새가 방앗간에 드나들 듯 편의점에 들러 사 먹던 아이스크림, 과자, 탄산음료도 절제한다.

공부에서도 마찬가지다. 초등학생 때까지는 공부의 틀을 마련해주느라 부모가 학업에 개입했지만 중학생이 된 후부터는 주도권을 아이에게 넘겨줬다. 공부 계획, 수행평가 등 모든 것을 아이 스스로 주도한다. 나는 매일 아이가 공부한 것에 대해 설명하는 걸 들어주기만 한다.

가치는 사람을 변화시키는 가장 강력한 동력이다. 게으르고 나태해질 때 자신을 움직이는 채찍이 되기도 한다. 소나 말이 움직이기 위해 채찍질할 수 있는 사람은 주인뿐이다. 같은 맥락에서 내가 행동하도록 채찍질할 수 있는 건 내 삶의 주인인 자신뿐이다. 그런데 여전히 어떤 부모는 아이가 자신의 뜻대로 살아주길 바라며 채찍을 사용하기도 한다. 부모가 자녀에게 채찍질하는 것은 자녀 인생의 주인 행세하는 것이나 마찬가지다.

자녀교육에서 가장 중요하게 여기는 것은 자녀의 건강한 정서 자립이다. 자립을 위해서는 자녀를 독립된 개체로 인정하며 자율성을 부여해야 한다. 즉, 자기 삶을 살도록 자유롭게 놓아주는 것이다. 아이들은 부모의 품을 떠나야 성장한다는 말이 있다. 아이의 올바른 성장을 위해 꼭 쥐고 있던 채찍과 목줄을 놓아주면 자녀는 스스로 인생의 가치를 세우고 성장을 위해 한 걸음 내딛게 될 것이다.

SOLUTION

가치관을 세우는 훈련하기

가치관은 인생을 어떻게 살아갈지 제시하는 나침반과 같다. 처음부터 아이 혼자 가치관을 세우는 건 쉬운 일이 아니다. 가정에서 아이의 가치관 정립을 훈련할 수 있는 2가지 방법을 통해 자녀가 가치관을 세우는 연습을 할 수 있도록 도와주자.

▶ 가훈 정하기

가훈은 한 가정이 가장 중요하게 여기는 삶의 방향이다. 부모가 인생에서 가장 중요하게 여기는 가치를 가훈으로 정하자. 가훈을 벽에 걸어두어 자주 볼 수 있게 하고, 왜 이 가치를 가훈으로 정했는지 자주 들려줘 가치 정립을 간접 경험하게 하자.

▶ 고전 필사하기

현자들의 지혜를 고스란히 담은 고전은 윤리적, 도덕적, 철학적 가치를 배우기 가장 좋은 자료다. 특히 손으로 문장을 직접 쓰면 머릿속에 훨씬 잘 각인돼 삶의 여러 기준으로 삼을 수 있다. 초등학생 아이들의 눈높이에 맞게 쓴 《어린이 사자소학》 《어린이 명심보감》 등을 시작으로 《논어》 《도덕경》 《넝상록》 등을 꾸준히 필사해보자. 필사한 후 느낀 점도 간단히 함께 적어보면 좋다.

올바른 성 관념을 심어주는 부모의 역할

사춘기 아이들에게 나타나는 가장 두드러진 특징은 바로 신체 변화다. 목소리가 변하고, 체형이 달라지고, 털이 자라고, 여자아이들은 초경을 한다. 사춘기는 신체 변화를 통해 아이에서 성인이 되어가는 중요한 시기다.

아이가 5학년 때 일이었다. 설거지를 하고 있는데 뒤에서 떨리는 목소리로 엄마를 불렀다. 울먹이는 듯한 목소리에 놀라 뒤를 돌아보니 아이가 월경 흔적이 있는 속옷을 들고 있었다. 딸이 성장했다는 뭉클함과 여성으로서 삶이 시작되었다는 걱정에 떨렸지만 아이를 꼭 안아주며 "여성이 된 것을 축하해, 건강하게 잘 커줘서 고마워."라고 말했다.

아이에게 마음이 어떤지 물어보았다. 월경에 대해 배워서 알고 있었지만 처음에는 몸에서 피가 나온 줄 알고 무서웠다고 했다. 월경일 수 있겠다는 생각은 나중에 들었단다. 나도 초경이 당황스러웠고 무서웠던 기억이 있어 아이에게 가슴이 멍울지고 엉덩이가 커지는 신체 변화가 있으면 초경이 곧 시작될 거는 신호라는 걸 미리 알려줬었다. 아이는 그 얘기 덕에 신체 변화를 빨리 알아차릴 수 있었다.

그날 우리 가족은 한자리에 모여 아이의 초경을 축하하는 자리를 가졌다. 남편은 딸에게 어떻게 말하고 행동해야 할지 당황스럽다고 했다. 어린아이일 줄만 알았는데 여성이 되었다니 묘한 기분일 테다. 아이는 아빠에게 나중에 말하고 싶다고 했는데 자식의 경이로운 성장을 아빠도 축하해주고 싶지 않겠냐고 물었고 곰곰이 생각해 보더니 아이도 수긍했다. 아이가 조심스러워하는 일을 크게 이벤트로 만들 필요는 없다. 아빠에게 반드시 알리도록 강요해서도 안 된다. 가족으로부터 안전하게 보호받고 있음을 느낄 수 있도록 함께 마음을 쓰는 정도면 충분하다.

아빠는 예쁜 장미꽃 한 다발을, 엄마는 미리 준비해둔 월경대와 월경대 파우치를 건네며 축하해주었다. 우리 부부는 성장

시기 마다 축하의식을 하려 노력한다. 축하는 가족의 지지와 안전한 울타리가 있다는 것을 아이가 인지하게 하는 시간이다.

✱ 대화로 아이의
　성 인식 높여주기

　딸을 둔 부모는 초경이 일찍 시작되면 걱정이 앞선다. 세상에 일어나는 나쁜 일들과 외부로부터 자신을 지키는 법을 알려주지 않을 수도 없고, 알려주자니 어린아이에게 두려움을 키우는 것 같기 때문이다. 하지만 걱정만 하고 있을 수 없으니 어떻게 해야 할지 공부하며 적절한 시기마다 안전한 울타리가 되어주어야 한다. '여자에서 여성이 된다는 의미를 알고 있을까?' '어떻게 설명해주어야 할까?' '너무 일찍 알려 주는 건 아닐까?' 많은 고민이 있지만 자녀와 함께 대화로 해결해 나가자.

　초경이 의미하는 바를 알고 있는지 묻고 자녀의 인식 수준에 맞게 대화를 시작하면 된다. 아이에게 초경은 생식 기능을 갖추고 새 생명을 낳을 수 있는 소중한 능력을 갖게 된다는 의미라고 설명했다. 여자들이 초경을 하는 것처럼 남자의 신체 변화에 관해서도 대화를 나눴다. 이성의 신체 변화를 알려주는 것은 배려와 동시에 자기 보호를 위한 것이다. 성적 호기심을 자극하는 말과 행동을 분별하는 것은 배려인 동시에 자기 보호라고 가르쳤다. 노출이나 여성의 부주의가 성범죄를 유발한다는 말도 안 되는 논리를 옹호하는 게 절대 아니다. 다만 성 호르몬이 왕성하게 분비되고 성 욕구 조절이 미흡한 사춘기 특징 때문에 남자도, 여자도 서로 자기 행동을 조심해야 한다는 의미다.

걱정이 앞서지만 한 번에 모든 것을 다 알려줄 수 없다. 앞으로 여성 대 여성으로서 자기를 안전하게 지키고 건강하게 성인식을 높이는 대화를 자주 나누기로 의기투합했다. 숨겨서도, 피해서도 안 되는 성에 대한 아름다운 대화를 편안하게 할 수 있는 기회가 아이들에게 꼭 필요하다. 아이들은 학교 성교육을 통해 2차 성징의 신체 변화에 대해 자세한 지식이 있어 대화는 수월하다. 사춘기에 건강한 이성 관계에 대해 어떻게 반응하고 알려주어야 할지는 부모의 준비가 필요하다.

초경을 한 날 딸과 단둘이 앉아서 월경대 사용법과 뒤처리, 속옷에 월경혈이 묻었을 때 대처법, 월경대 크기별 사용에 대해 설명해주었다. 아들은 초등 5학년 즈음에 학교에서 성교육을 어느 수준까지 받고 있는지 확인하면서 보충설명을 해주며 건강하고 멋진 남성이 되어 가는 것을 축하해주자. 아들은 아빠가, 딸은 엄마가 성교육을 해야 할 이유는 없다. 가족이 함께 하면 좋다. 동성에게서는 편안함을, 이성에게서는 이성에 대한 배려를 배울 수 있기 때문이다.

부모교육 강의에서 성교육 관련한 질문을 받을 때가 종종 있다. 초등 2학년 딸의 샤워를 아빠가 시켜줘도 되는지, 초등 고학년 아들이 동성·이성 친구들과 어울려 놀다가 피곤했는지 한방에서 잠이 들었는데 어떻게 해야 할지, 유아기에 자위를 하는 것 같은데 어떻게 해야 할지, 성이 다른 자녀의 초경이나 발기에 대해 모른 척해야 하는지 등 일상에서 일어나는 소소하지만 중요한 지점에 대해 알고 싶어 한다.

부모 자신들도 정식으로 성교육을 받아본 경험이 없고 자연스럽게 알게 된 경우가 많아 자식들도 그렇게 크는 거라고 쉽게 생각하면 안 된다. 크면 절로 알게 된다는 무지를 깨고 나와야 한다.

학교에서 성교육을 의무적으로 하니 아이들은 자기 성장에 대한 기본 지식은 배우지만 학교에서 배우는 것 외에 호기심을 가정에서 자연스럽게 탐구해나갈 수 있어야 한다. 부모들은 성교육을 받을 기회가 적기 때문에 스스로 찾아서 공부해야 한다. 부모는 자녀의 성장에 관심을 가지고 함께 성장할 수 있도록 준비해야 한다.

SOLUTION

사춘기 자녀와 성에 대한 대화하기

사춘기 자녀와 성, 이성에 대해 대화할 때 가장 주의해야 하는 건 '수치심'을 느끼지 않게 하는 것이다. 수치심을 느끼면 아이는 그 주제로 다시는 대화하려 하지 않을 것이다. 따라서 부모는 자신의 성장을 돕는 가장 안전한 사람이라는 신뢰 위에 대화가 이뤄져야 한다.

▶ 수치심을 주는 말 자제하기

"그렇게 행동하면 여자친구 못 사귄다." "아직 여자친구도 없어? 성격에 문제 있는 거 아니니?" "너는 예쁜데 왜 남자친구가 없니?"와 같이 이성친구 문제를 빗대어 품행을 지적하는 말은 자녀에게 수치심을 준다. 자녀가 이성 문제로 대화를 시작할 때, 혹은 부모가 자녀의 이성관에 대해 알고자 할 때 솔직하고 진심 어린 자세여야 한다. 자녀들이 샤워 후에나 옷을 갈아입을 때 종종 가족을 의식하지 않고 신체를 노출하는 경우가 있다. 이때도 "훤히 다 보이는데 옷을 훌랑 벗고 다니다니 부끄러운 줄 좀 알아라." "네 몸에 그렇게 자신이 있으면 옷 벗고 학교를 다니지 그러니?" 등의 말로 주의를 주면 아이는 수치심을 느낀다. 가정 안에서 신체 노출에 대해서는 가족들 간의 협의로 서로의 경계를 확실히 정하고, 서로 존중하는 태도로 대화해야 한다.

3장

부모의 마인드셋 연습

부모가 행복해야

아이도 행복하다

아이의 자신감을 키우는
부모의 작은 태도

부모교육을 시작한 이래로 일상에서 마주치는 부모와 자녀들을 유심히 관찰하는 습관이 생겼다. 어느 주말, 등산을 하다가 마주친 7살 정도 되어 보이는 남자아이와 엄마의 모습이 눈길을 끌었다. 모자는 거의 대화가 없었다. 간혹 엄마가 아들에게 "하지 마!"라는 통제어를 사용하는 정도였다. 산 중턱에서 쉬는 중에 아이는 주변을 둘러보며 보이는 것들을 엄마에게 조잘댔다. 하지만 엄마는 아이의 말에 반응하지 않았고 스마트폰만 볼 뿐이었다.

그런데 아이의 정수리 쪽에 손바닥만 한 크기의 원형 탈모가 있었다. 원형 탈모는 스트레스가 원인이라고 알려져 있어 마음이 아팠다. 아이는 엄마의 무기력과 무관심 속에 마음이 무너지고 있는 것은 아닐까 생각했다.

✱ 자녀의 자존감을 죽이는 부모의 작은 태도

아이들은 부모의 태도에 큰 영향을 받는다. 특히 부모의 부정적인 감정과 태도는 자녀에게 엄청난 불안감과 공포심을 유발한다. 부모의 눈치를 보며 주눅 든 아이들의 자존감은 점점 더 바닥으로 치닫는다.

자녀가 뜬금없이 부모에게 자신이 아는 것들을 수다스럽게 늘어놓을 때가 있다. 이에 부모는 아이가 자기가 아는 걸 자랑하고 싶다고 생각해 시큰둥하게 반응하곤 한다. 하지만 이런 행동은 자기가 아는 걸 뽐내고 싶어서도, 부모에게 정보를 알려주고 싶어서도 아니다. 그저 부모의 관심과 인정을 받기 위한 행동들이다. 자녀의 자존감을 죽이는 태도 중 하나는 바로 부모의 무관심이다. 아이들이 부모에게 바라는 것은 대단한 게 아니다. 그저 '관심'과 '반응'을 바랄 뿐이다.

자녀의 이야기를 잘 들어주고 반응하는 것은 관심과 인정의 태도다. 자녀가 말수가 적거나 부모와 대화하려 하지 않는다면 자녀의 성향이려니 치부할 게 아니라 부모의 태도를 점검해야 한다. 자녀의 말을 잘 들어주는지, 부모 자신의 말만 하거나 자녀가 잘 듣기만을 강요하지는 않는지 살펴야 한다. 부모가 자녀의 말을 들어주는 작은 태도만으로 아이의 자존감이 높아진다.

부모에게는 좋은 사람이 되기 위해 마땅히 지켜야 할 자기만의 기준이 있다. 자녀가 사회 구성원으로서 올바른 사람으로 자랐으면 하는 마음에 그 기준을 아이에게 요구한다. 하지만 이런 요구는 아이에게 죄책감의 굴레를 씌운다. 엄마가 아이에게, 아빠가 아이에게, 아이 스스로 자신에게 요구하는 기준이 많아지면 그를 따르기 위해 심리적으로 억압된 상태가 된다.

자식을 잘 키워야 한다는 부담감에 아이의 잘못된 행동을 보면 부모는 '내가 뭘 잘못하고 있는 걸까'라는 생각과 함께 죄책감을 느낀다. 그리고 그 죄책감은 자녀를 대하는 태도로 나타나 고스란히 자녀에게 전가된다. 이처럼 자녀에게 부모의 태도가 끼치는 영향은 대단하다. 자기도 모르게 혹은 아이를 위한다고 한 아주 작은 행동 하나로도 아이는 죄책감을 느낄 수도, 자신감을 키울 수도 있다.

독서교육 강의를 할 때마다 빠지지 않는 것이 학습만화에 대한 질문이다. 전문가들은 학습만화가 나쁘다고 하는데 아이들은 좋아하니 어떻게 해야 할지 묻는 것이다. 사실 학습만화에 대한 의견은 분분하다. '학습만화는 독서가 아니다. 독서 습관 형성에 나쁜 영향을 준다'라는 주장과 '책 읽기를 싫어하는 아이들은 학습만화로 시작해라. 학습만화는 배경지식을 갖추는 데 좋다'라는 주장이 상충한다.

정보의 홍수 속 분분한 의견들 사이에서 고민하는 부모의 마음을 이해한다. 나는 학습만화의 옳고 그름을 따지는 것보다 어떤 방식으로 받아들이고 사용하는지가 훨씬 중요하고 생각한다. 학습만화가 독해력, 문장력, 어휘력 등에서 글 책만큼 유익한 영향을 미치지는 못하지만 유익한 점들도 분명히 있다.

딸아이는 7살부터 독서 습관을 들이며 책 읽기를 좋아하게 됐는데 초등학교 입학 후에는 학습만화를 접하게 되면서 한동안 만화만 읽었다. 이럴 때 엄마는 어떻게 반응해야 할까? 이때는 아이가 죄책감을 느끼지 않으면서 자신감을 키울 수 있게 좋은 점은 응원하고 격려하며 서서히 부족한 점을 채우도록 해야 한다. 부모가 '학습만화는 나쁘다'는 규정만 가지고 있으면 자녀가 학습만화를 볼 때 "그만 봐, 만화는 보지 마. 글 책을 봐야지."라며 통제하게 된다. 아이가 자신의 행동을 인정받으면 자신감이 되고, 통제받으면 죄책감이 된다. 죄책감과 자신감은 동전의 양면처럼 존재한다.

가장 기본적인 양육법인 '역지사지'를 적용해보자. 누군가 부모가 술을 마시는 걸 통제한다고 해보자. 술은 나쁜 것이고 건강을 망치니 절대 먹지 말라고 강하게 억압한다면 어떻게 하겠는가. 술을 멀리 하겠는가, 아니면 통제하는 사람을 피해 마시면서 죄책감을 키우겠는가. 사실 술을 마신 후의 태도에 옳고 그름이 나뉘는 거지 술 자체에는 다른 것들과 마찬가지로 장단점이 모두 존재한다. 부모는 아이를 양육할 때 이와 같은 관점으로 접근해야 한다.

✱ 자녀의 자신감을 키우는 부모의 2가지 태도

아이가 초등 1, 2학년일 때는 주로 학습만화만 읽었지만 엄마의 격려와 응원을 받으며 독서에 자신감을 키웠다.

딸: 엄마, 플라톤이라는 사람을 아세요?

엄마: 플라톤을 알아? 위대한 철학자를 어떻게 알았어? 정말 대단하다!

딸: 만화에서 봤어요!

엄마: 만화에서 대단한 걸 배웠네. 만화 많이 읽으면 박사님이 되겠는걸?

아이가 '플라톤'이라는 단어를 말했을 때 더 설명해보라거나 얕은 지식이라고 핀잔하지 않고 독서 행위 자체를 격려했다. 응원과 격려를 받은 아이는 만화에서 얻은 지식을 엄마에게 전하는 것을 즐거워한다. 대신 아이의 사고를 확장하기 위해 격려를 지속하면서 "그런데 플라톤이 어떤 사람이래?"라고 질문한다. 이때 플라톤에 대해 설명해보라고 하면 지식을 강요받는 느낌이 드니 주의해야 한다.

통제가 없으니 죄책감이 없고 엄마의 응원과 격려로 자신감에 차니 뭐든 시도하고 도전하려는 용기를 낸다. 학습만화의 부작용보다 '만화는 나쁘다'는 규정으로 자녀를 통제해 죄책감을 느끼게 하는 것이 더 위험하다.

2학년이 되어 학습만화를 충분히 읽었다고 판단했을 때 자연스럽게 글 책으로 넘어올 수 있도록 독서 태도에 대해 주식과 간식을 비유로 설명했다.

"음식에는 주식과 간식이 있어. 주식을 주로 먹고 간식은 가끔 먹어야 몸의 건강 균형을 유지할 수 있어. 영혼의 양식인 독서에도 주식과 간식이 있어. 주식과 간식의 균형을 유지할 수 있게 글 책도 챙겨 읽어야 해."

이후 아이는 학습만화와 글 책을 병행해 읽으며 독서 수준을 높여갔다. 아이의 독서 자신감을 키워 준 것은 전문가들이 제시한 독서법이 아니라 부모의 작은 태도다. 자녀가 하는 행동에 전문가들의 지식만 들이대면 아이의 죄책감을 키운다. 전문가라고 하는 사람들의 지식에 흔들려 자녀의 자존감을 상처 내지 않길 바란다. 귀하고 귀한 내 자식을 왜 죄인을 만드는가.

자녀의 자신감을 키우는 부모의 작은 태도는 '관심'과 '반응'이다. '관심'의 핵심은 아이와 얼마나 함께 시간을 보내는지, 얼마나 많이 눈을 맞추는지에 있다. '반응'의 핵심은 좋은 점을 인정해주고 격려해준 후 단점을 보완해주는 것이다. 사람을 단번에 바꿀 수 있다고 생각하는가. 자식을 키우는 일에 기한이 있다고 생각하는가. 조급해하지 말고 역지사지해본 후에 귀한 자녀의 마음을 먼저 챙겨주자.

SOLUTION

부모 역할 공부하기

전문가들의 지식과 정보를 분별해 자녀에게 적용하기 위해서는 역설적이게도 전문가들의 이야기에 귀 기울여야 한다. 자녀교육에 관한 다양한 지식과 정보를 융합해야 자녀에게 알맞은 방법을 도출할 수 있기 때문이다.

▶ 자녀가 사춘기가 시작되기 전에 미리 공부하기

자녀에게 공부에도 때가 있다고 가르치는 것처럼 부모 공부에도 때가 있음을 알고 공부해야 한다. 부모 공부의 결정적 시기는 자녀에게 사춘기가 오기 전까지다. 자녀는 사춘기 전까지는 옳고 그름의 변별력이 없어 부모의 삶을 보는 대로 흡수하기 때문이다. 자녀의 행복한 삶을 위해 때를 놓치지 않기를 바란다.

스스로 삶을
꾸려가는 아이들

　인공지능 시대에는 혁신적이고 창조적인 생각을 하는 인재가 필요하다. 이에 동의하지 않을 교사와 부모는 없는데 왜 아직도 학교에서는 주입식 교육을 하고, 부모들은 사교육에 상당한 돈을 쓰고 있을까? 사회가 원하기 때문이다. 기업은 객관적 정보인 학벌과 성적으로 인재를 평가할 수밖에 없다. 그러니 부모들은 아이가 좋은 직장에 들어가려면 공부를 잘해야 한다고 생각하는 것이다. 그런데 한번 짚고 넘어가야 할 것이 있다. 궁극적으로 부모가 원하는 건 자녀가 사회에서 원하는 인재가 되길 바라는 것인가? 아니면 주도적으로 행복한 삶을 살기를 원하는 것인가?

아이들은 행복한 삶을 살기 위해 공부, 기술, 예술, 사업 등 각자 특성에 맞는 길을 가야 한다. 부모의 중요한 역할 중 하나는 자녀가 자신의 길을 찾도록 돕는 것이다.

자녀가 공부 외에 다른 길을 선택하는 건 부모로서 불안하고 견디기 어려운 일일 수 있다. 아무리 세상이 변한다 해도 경쟁 사회라는 사실은 변하지 않기 때문이다. 하지만 이런 불안은 부모가 자녀에 대해 제대로 알지 못하기 때문에 드는 감정이다.

잘 알려진 우화 《토끼와 거북이》는 일반적으로 '능력보다 노력이 중요하다'라는 메시지를 전달한다. 여기서 우리는 다른 시사점을 찾아보려고 한다. 토끼는 100미터를 5.6초에 달리는 폭발적인 순간 속력을 내지만 폐활량이 적고 심장이 작아 장거리 달리기에는 취약하다. 따라서 토끼는 짧은 거리를 빠른 속도로 달리면서 중간중간 쉴 틈이 필요하다. 반면 거북이는 속도는 느리지만 꾸준히 오래 걸을 힘이 있다. 토끼도, 거북이도 각자의 특성을 알고 자신의 속도대로 나아간다면 결국 결승점에 다다를 것이다.

토끼와 거북이의 경주에서 성공과 실패는 우리가 결정할 일이 아니다. 누구와도 비교하지 않고 자신의 목표에 다가가고, 그 과정에서 인생의 가치를 깨닫는다면 그것이 곧 성공이지 않을까. 그렇게 우리 자녀들은 모두 각자 인생에서 승리자가 될 수 있다.

✱ 삶의 의지를 키워주는
　부모의 마음가짐

　인간은 자기의 살길을 찾으려는 본능이 있다. 부모가 경쟁에서 승리하기 위해 공부만이 살길이라는 말로 눈을 가려 자녀가 다른 길이 있다는 사실을 아직 깨닫지 못했을 뿐이다. 학벌, 능력, 시험, 재능 등 어떤 조건보다도 자신의 의지와 열정으로 움직이는 사람이 자기 삶에 승리자가 된다는 점을 주목해야 한다. 성공한 사람들의 공통점은 의지와 열정이 대단하다는 것이다. 자신이 원하는 바를 알고 진심으로 그것을 이루기 위해 최선을 다한다. 자기 살길을 찾는 본능이 결국 인생을 성공의 길로 이끄는 것이다.

　사춘기에 접어든 아이는 "나 뭐해 먹고 살지?"라는 말을 자주 한다. 어린 나이지만 벌써 자기의 살길을 궁리한다. 아이가 자기 살 궁리를 시작하게 된 건 유대인처럼 성인식에 자립하도록 미리 유산 정리를 해둔 후부터다. 초등 고학년 어느 날, 아이가 농담처럼 꺼낸 말이 계기가 됐다. 아이가 부모의 재산과 능력에 의지해 살려는 마음을 비춘 것이다. 자기는 외동이기 때문에 재산 싸움 없이 고스란히 집을 물려받을 수 있어 좋다고, 덧붙여 재벌 2세로 편하게 살고 싶으니 돈을 더 많이 벌어달라는 농담을 했다. 그저 우스갯소리로 치부하고 넘어갈 수 없는 발언이었다.

내가 한 유산 정리는 대략 이렇다. 19세까지 자녀의 양육비를 감당하는 건 부모의 의무이니 아낌없이 지원해주겠다. 본인의 뜻이 있어 대학에서 수학하고 싶다면 대학 교육비까지는 지원해주겠다고 했다. 하지만 그 외의 비용은 성인이 되면 자녀 스스로 감당해야 한다고 말했다. 아이에게 노후를 의지하지 않기 위해 부모도 지금부터 열심히 준비해야 하기 때문에 네 삶은 네가 알아서 살아야 한다고 했다. 혹시 재산이 남는다면 사회에 환원할 거라는 의사도 밝혔다. 더불어 현재 자녀가 생활하는 데 드는 비용을 가감 없이 공유했다.

부모의 단호한 태도와 자신이 생활하는 데 드는 돈을 직접 확인하고 나니 아이의 마음가짐이 달라졌다. 스스로 삶을 꾸려갈 의지를 갖기 위해서는 자신의 능력을 발휘할 방법을 스스로 터득해나가야 한다. 부모는 자녀에게 의지하지 않고 노후를 준비를 하고, 자녀는 스스로 삶을 꾸려가기 위해 살 궁리를 한다. 내 인생은 누구도 대신 살아줄 수 없다. 삶의 주인으로서 의지와 열정으로 살아갈 수 있게 자녀를 돕는 것이 부모의 역할임을 잊지 말자.

SOLUTION

자녀에게 동기부여하기

어떠한 환경에서도 자기 삶을 멋지게 살아가는 사람들의 이야기를 만나면 자녀에게 동기부여가 될 수 있다. 부모가 감동을 느낀 이야기라면 자녀의 마음을 움직일 확률이 높다.

▶ **책 선물하기**

내가 읽고 감동해 아이에게 선물한 책은 《열정을 만나는 시간》 《배움의 발견》 《불편하지만 불가능은 아니다》 《누구도 나를 파괴할 수 없다》 등이 있다. 자녀가 선물한 책을 읽지 않더라도 강요하지 말자. 평상시 책을 즐겨 읽지 않는 아이라면 적절한 보상을 사용해도 좋다.

▶ **영상 함께 보기**

귀감이 될 만한 사람들의 삶을 다룬 다큐멘터리 등을 권하자. 부모가 추천하는 영상은 안 볼 가능성이 높으니 함께 보는 것을 추천한다.

열등감으로부터 아이를 지키는 부모의 마음가짐

 사춘기에 접어든 아이는 타인이 보는 자신, 타인에게 보이는 자신을 무척 신경 쓴다. 배드민턴을 하고 싶지만 밝은 시간에는 아파트 주민들 눈에 띄는 것이 싫어서 저녁 9시가 넘어야 나간다. 깜깜한 시간에 나가면서도 자기 모습이 괜찮냐고 묻는다. 무심하게 "아무도 신경 안 써."라고 답하자 아이는 괜찮냐고 물었지 누가 신경쓸까 묻지 않았다며 짜증을 냈다.

 사람들은 대부분 무의식적으로 타인을 의식하고 비교하며 산다. 부모는 자기 자녀를 다른 가정의 자녀들과 비교하고, 자녀들은 친구의 부모들과 자기 부모를 비교한다. 다른 사람과 자신을 비교하고, 이것과 저것을 비교하고, 이전과 이후를 비교하고, 성공과 실패를 비교하고, 잘함과 못함을 비교한다. 자신이 보기에 이상적인 이미지를 가진 사람과의 비교로 위축이 될 때도 있고, 자신보다 못한 사람과의 비교로 우쭐해 할 때도 있다. 타인과의 비교가 지나치면 열등감과 박탈감에 빠지고, 우울해진다.

우리의 인식처럼 비교가 나쁘기만 하다면 비교를 하지 않으면 된다. 많은 전문가는 자신을 인정하고 행복해지기 위해서 비교하지 말라고 조언하지만 비교는 자연스러운 것이며 비교가 없으면 변화와 성장도 없다. 심리학자 레온 페스팅거 Leon Festinger의 사회 비교 이론에 따르면 인간은 다른 인간들의 행위를 모방하고, 참고함으로써 삶에 유용한 정보들을 얻고, 사회적 비교를 통해 자기 자신과 타인들 간의 공통점은 키우고, 차이점을 줄임으로써 동질감을 갖는 등 끊임없는 사회적 비교 과정을 통해 생존에 중요한 이점을 얻는다고 한다.

그러나 우리가 분명히 알아야 할 것은 비교 행위의 필요성과 부정성을 명확히 알고 그를 활용하는 자신만의 방법을 터득해야 한다는 점이다.

우선 부모가 비교에 휘둘리지 않기 위해 알아야 할 2가지를 소개한다. 하나는 자신의 양육 태도를 아는 것이다. 자녀와 대화할 때 자신도 모르게 비교하는 습관이 있는지 살펴보고 고쳐야 한다. 또 하나는 자녀가 스스로 열등감 때문에 다른 사람과 비교하고 있는지 살펴야 한다. 자녀가 스스로 열등감에 빠져 있으면 평소에는 위축되어 있다가 다른 사람과 비교를 당하면 불같이 화를 낸다. 이때는 자녀가 자신을 있는 그대로 인정하도록 도와야 한다. 스스로를 인정하는 가장 빠른 방법은 자신의 이야기를 하는 것이다. 자신의 이야기를 직접 들어보면 상황을 객관적으로 볼 수 있기 때문이다.

인간에게는 이야기 본능이 있다. 자신의 이야기를 하지 못하면 타인의 이야기를 하게 되고 시선은 자꾸 밖을 향한다. 타인을 의식할수록 자의식은 낮아지고 결국 자기 이야기를 상실한 채 살아간다. 자녀가 무의미한 비교를 멈추고 자신에게 집중할 수 있도록 부모와 자녀가 함께 솔직한 이야기를 꺼내야 한다. 자신의 이야기를 해본 경험이 적은 부모라면 처음에는 말을 꺼내는 게 어색하고 힘들 것이다. 하지만 자녀가 비교로부터 해방되길 바란다면 노력해야 한다.

✱ 열등감을 자극하는 부모의 양육 태도

많은 부모가 아이의 열등감을 자극해 경쟁심을 부추기면 스스로 삶에 열정을 가질 거라고 착각한다. 자기가 그렇게 자랐기 때문이다. 하지만 이는 열등감에 의한 열정이라기보다 복수와 분노에 가깝다. 복수와 분노에 의해 이루어진 성공은 모래 위의 성과 같아 언젠가 스스로 무너진다.

자신의 솔직한 이야기를 들려주지 못하는 부모들은 자꾸 타인의 이야기를 한다. 자녀의 열등감을 자극하려는 의도는 없지만 다른 집 자녀들의 잘난 부분을 자녀 앞에서 생각 없이 말한다. 누구는 수학을 잘한다는 둥, 누구는 줄넘기를 잘한다는 둥 부모 자신이 부러워하는 부분을 남의 이야기에 감춰 드러낸다. 부모가 아무리 의도 없이 말했다 해도 듣는 자녀는 비교로 받아들인다. 사춘기 아이들은 친구들과 키, 성적, 부모의 경제력 등등 온갖 것을 비교하며 이미 자신을 위축시키고 열등감을 키우는 중이다. 거기에 부모가 비교할 거리를 더해줄 필요는 없다.

이런 부모의 양육 태도는 바뀌어야 한다. 사람의 생김새가 다르고, 생각이 다르듯 잠재력도 다른 법이다. 아이들 머릿속에 인간은 모두 다르다는 진리를 심어놓자. 아이의 생각이 바뀌면 말과 행동이 바뀐다.

자녀의 열등감을 자극하지 않으려면 자녀에게 친구들의 장점을 말하지 않는 게 좋다. 부모는 그냥 하는 말이어도 아이들은 비교로 받아들이기 때문이다. 사춘기 자녀가 친구들의 장점을 말할 일은 거의 없지만 혹시나 말한다면 "그 친구는 수학을 잘하는구나. 우리 OO이는 국어를 잘하잖아."처럼 맞장구는 약하게 하고 자녀의 장점을 덧붙여 말해줘야 한다. 이때 주의할 점은 잘하는 것만이 장점이 아니라는 걸 알려줘야 한다. 좋아하는 것도 재능이고 장점이 될 수 있다. "그 친구는 바이올린을 좋아하니? OO이는 노래 부르는 걸 좋아하잖아."와 같이 말해주자. 핵심은 부모 말의 주체가 다른 사람이 아니라 자녀임을 인지하게 하는 것이다.

※ 스스로 열등감을
　　키우지 않으려면

자기의 이상적인 이미지를 타인의 삶에서 찾게 되면 자연스럽게 '왜 나는 부족할까?' 하고 자기 비하를 하게 된다. 자기 비하가 반복되면 생존 본능으로 자연스럽게 자기 합리화를 하게 된다. '나는 원래 그래. 상황이나 환경 때문에 어쩔 수 없어'라고 합리화하며 비교 뒤에 숨는다. 비교 뒤에 숨어 사는 게 당장은 안전한 것 같지만 시간이 갈수록 해결되지 않은 감정은 열등감을 키운다.

비교하는 것 자체가 나쁜 게 아니다. 비교하며 자신을 비하하는 습성이 나쁜 것이다. 자신의 부족한 점을 인정하면 자신을 있는 그대로 받아들일 수 있고, 비로소 자기 이야기를 시작할 수 있다.

예를 들어 '다른 사람들은 잘 사는데 왜 나는 가난할까?'라며 비교를 할 때 '나는 가난하다'라는 사실을 인정하고 받아들이자. 인정은 합리화와 다르다. 합리화는 가난의 이유를 외부 환경에서 찾지만 인정은 가난한 현실을 받아들인 후 자신의 진짜 속마음을 듣는 것이다. '물질적으로 가난하지만 정신적으로 행복하니 괜찮다'는 이야기일 수도, '더 이상 가난하게 살고 싶지 않다'는 이야기일 수도 있다. 자기 마음의 이야기에 따라 자신이 무엇을 해야 할지 결정하게 된다. 인정은 '어떻게'의 방법을 모색하게 한다. 타인에게 향했던 시선을 나에게 돌리는 것만으로도 비교에서 해방될 수 있다.

가정에 대화가 살아나 서로 자기 이야기를 편안하게 나눌 수 있는 환경이면 이상적이다. 부모가 자녀의 대화 상대가 되어주면 된다. 부모 자신의 대화 상대가 없다면 자기 이야기를 글로 쓰면 된다. 나는 일기장에 내 이야기를 쓰고 내 이야기를 내가 들어준다. 다른 사람에게 이야기하고 싶을 때는 블로그에 쓴다. 있는 그대로 편안하게 나의 이야기를 하게 되었을 때 온전히 나를 인정하게 되었다.

SOLUTION

자기를 인정하는 대화하기

자녀와 대화할 때 부모는 말이나 감정의 주체를 자녀가 아닌 부모 자신에게 둬야 한다. 자녀의 행동이나 말투를 지적하는 것이 아니라 자기의 말과 행동을 먼저 인정하는 것이다. 자기를 인정하는 사람은 자기 이야기를 하고, 자기를 인정하지 못하는 사람은 비교당하고 싶지 않아서 변명하거나 상대를 공격하게 된다.

▶ **자기를 인정하지 못하는 대화**

  ㈎ 엄마: 너 말을 왜 그렇게 해. 엄마한테 말버릇이 그게 뭐야.
     자녀: 엄마가 먼저 비아냥거리면서 친구랑 비교했잖아요.
     엄마: 엄마가 언제 그랬어? 네가 꼬인 마음으로 들은 거야. 듣기 싫으면 네가 잘했어야지. 엄마 핑계 대지 말고 네가 한 행동을 먼저 생각해.

▶ **자기를 인정하는 대화**

㉑ · 엄마가 비아냥거렸어? 그렇게 들렸다면 미안해. 그런데 엄마는 왜 비아냥거렸다고 생각하는지 잘 모르겠어. 말투를 바꾸려면 알아야 하잖아. 네가 엄마의 비아냥에 대해 구체적으로 설명해줄래?

· 엄마가 한 말이 비교로 들렸구나. 엄마는 비교하려는 의도가 아니었고 친구 엄마 얘기를 듣고 친구 이야기를 전하려 했던 거야. 다음에 친구의 이야기를 전할 때 어떻게 말하면 좋을까?

질문을 멈추지 않는 부모

인류의 발전은 '왜?'라는 질문에서 비롯되었다. 질문은 과학의 열쇠라는 말처럼 새로운 것을 발견하는 도화선이 된다. 창조적인 사고력 역시 '왜?'라는 질문에서 시작된다. 상식이나 정론이라 여겨지는 것들에 의구심을 갖고 탐구해 자신의 논리를 펼쳐 혁신을 이끌어내는 것이다.

인류의 발전을 이끌어가는 중심에는 유대인들이 있다. 이들은 우리들과 무엇이 다른가? 유대인들은 상대가 누구든 자신의 의견을 관철하기 위해 치열하게 논쟁한다. 유대인들은 항상 질문하고, 탐구하고, 생각하고, 논쟁한다. 그들은 사실을 무조건적으로 수용하지 않으며 진정으로 진리를 추구한다. 아리스토텔레스의 '나는 스승을 사랑하지만, 진리를 더욱 사랑한다'는 말처럼 아무리 존중하고, 사랑하는 존재의 말일지라도 맹목적으로 따르지 않는다. '의심할 줄 알면서도 의심하지 않는 것은 배우지 않는 것과 같다'라는 유대인 격언에서 알 수 있듯 매 순간이 배움이다.

우리 아이들은 하루 대부분을 공부에 쏟지만 그 안에서 진정한 배움은 얼마나 될까? 과연 그것이 정말 아이들을 위한 길일까? 우리는 부모로서 유대인처럼 가르치지 못하는 것을 아쉬워하고, 현 교육제도를 비판하면서도 상식과 정론에 길들이는 교육에 적극적으로 협조하고 있다. 그것이 최선일까?

요즘은 질문하는 아이들로 키워야 한다며 질문 사교육이 유행이다. 책을 읽고, 영화를 보고, 공부하면서 질문을 만들게 한다. 생각할 겨를도 없이 아이들은 질문이라는 '텍스트'를 만드는 데 급급하다. 질문은 스스로 생각하고 호기심이 생길 때 자연스럽게 떠오르는 것이다. 호기심을 만들어내라는 것은 사교육 늪에 빠진 어른들의 그릇된 욕심이다.

'나를 깨닫는 과정은 나를 아는 데서 시작한다. 그 끝은 나를 사랑하는 것이다'라는 다산 정약용의 격언과 '지혜로운 자는 자신을 알고 어진 자는 자신을 사랑한다'라는 노자의 말에서 부모 역할의 핵심을 찾자. 우리가 정론이라 믿는 것에 '왜?'라는 의문을 던지는 것을 포함해 나라의 교육제도를 바꿀 수 없지만 내 자녀의 교육을 위해 노력할 수 있는 것들은 많다.

✱ 나는 어떤 부모이고 싶은가

정약용과 노자에게 배운 자녀교육의 지혜는 자녀에게 질문을 해서 자녀 스스로 묻고 답하며, 자기만의 답을 만드는 것이다. 예를 들면 학원을 왜 다니는지, 왜 공부를 하는지, 자신이 왜 그런 선택을 했는지 이유가 있어야 한다. 부모 역시 자기만의 답이 있어야 한다. 부모교육을 할 때 '왜 부모교육에 참여하게 됐는지' 종종 묻는다. 강사의 질문에 부모들은 당황스러워할 뿐 누구도 대답이 없다. '독서가 우리 아이의 인생에 어떤 영향을 미치는지 알고자 왔다' '아이의 독서를 어떻게 도울 수 있는지 방법을 알기 위해서 왔다' 등의 간단한 이유조차 없다. '당연히 아이를 잘 키우고 싶으니까 왔지'라는 황당한 표정이지만 그것은 답이 아니다. 이처럼 자기가 무엇을 알고 싶은지 생각해 보지 않고 그저 아이를 위한 일이라고만 생각하는 부모가 많다.

부모는 아이가 인생을 잘 살아갈 수 있게 도와야 한다. 따라서 어떤 부모가 돼야 할지, 부모로서 어떤 삶을 살지 끊임없이 스스로 질문하고 답을 구해야 한다. 부모 공부를 하면서 부모 역할을 할 때 최소한 '왜?'에 대한 명확한 자기만의 답을 찾기를 바란다.

치명적인 사고로 얼굴을 크게 다쳤지만 살아서 더 좋은 아빠가 될 수 있음에 감사하다는 댈러스 웨인즈Dallas Weinz의 일화를 보며 나를 돌아보았다. 댈러스 웨인즈는 2008년 교회에서 그림을 그리다가 고압 전력선에 머리가 닿는 바람에 감전됐다. 몸에는 치명적인 상처들이 남았고, 얼굴 또한 형태를 알아볼 수 없을 정도로 녹아내렸다. 죽고 싶었으나 자신을 여전히 사랑하는 딸아이가 살아갈 이유였다고 한다.

초등학교에 들어간 아이가 자신의 얼굴 때문에 놀림을 받을까 봐 생명이 위태로울 수 있는 수술을 하기로 결정한다. 무려 30여 명의 의사가 투입된 17시간의 대수술을 통해 얼굴의 상당 부분을 복원했다. 감전되기 전으로 돌아가고 싶냐는 질문에 그는 사고 이후 딸에게 더 좋은 아빠가 되었고 잃은 것보다 자신에게 중요하고 가치 있는 것들을 더 많이 얻어 지금이 행복하다고 말했다. 그가 치명적인 사고에도 불구하고 살아야 할 이유, 위험한 수술을 결정한 이유, 사고 전으로 돌아가지 않고 싶은 이유는 더 좋은 아빠가 되었기 때문이었다.

나는 엄마로서, 더 나은 엄마가 되기 위해 어떤 노력을 하고 있는가? 이에 대한 답은 전문가들이 말하는 자녀교육의 상식, 정론에서 찾지 말고 부모 스스로 질문하고 찾아내야 한다.

인류의 발전까지는 아니더라도 최소한 자신의 발전을 위해 자기가 하는 일에 '왜'라고 질문해야 한다. 나는 '교육이 바로 서야 내 자녀가 바로 선다'라는 한 문장을 가슴에 품고 부모들과 함께 자녀를 잘 키워보자는 교육 운동을 하고 있다. 실상은 부모들은 교육을 바로 세우는 일보다 성적 올리는 사교육에 관심이 더 높다. 성적보다 아이들의 올바른 가치관 형성이 중요하다는 진리는 사교육에 휩쓸려 들리지 않는다. 하지만 나는 계속해서 부모 스스로 어떤 부모이고 싶은지 답을 찾도록 도울 것이다.

연애 초반에는 사랑하는 사람의 모든 것이 궁금하다. 무엇을 좋아하는지, 오늘은 무슨 일이 있었는지, 무엇을 하고 싶은지 질문이 끊이지 않는다. 질문의 시작은 관심과 사랑이다. 부모로서 자신과 사랑하는 자녀에 대해 얼마나 알고 있는가? 아이를 사랑하고 관심이 많은데 아이에 대한 질문이 나오지 않는다면 사랑과 관심이 어디를 향하고 있는지 부모 스스로 돌아봐야 한다.

> SOLUTION
> ### 자녀를 교육할 때 부모 스스로 질문하기
>
> 아이를 키우다 보면 어떻게 가르쳐야 할지 답답할 때가 있다. 그럴 때 곧바로 아이를 다그치기보다 어떻게 해야 할지 부모 스스로 질문하고, 그에 대한 답을 구해야 한다. 자기만의 답이 없는 상태에서 질문을 하면 자녀는 추궁의 의미로 받아들인다. 아이가 주말에 늦잠을 자고, 주중에는 스스로 일어나지 못해 답답할 때 부모는 어떻게 질문하고 답을 찾아야 하는지 예를 들어 살펴보자.
>
> ▶ **아이를 보는 내 마음은 어떤가?**
> 자는 아이를 흔들어 깨워 정신 똑바로 차리라는 잔소리를 하고 싶다.
>
> ▶ **나는 자녀에게 무엇을 바라는가?**
> 일찍 일어나기를 바란다. 만약 7시에 일어나야 한다면, 한 시간 일찍 6시에 일어나 운동이나 독서를 하며 시간을 의미 있게 쓰면 좋겠다.
>
> ▶ **나는 왜 자녀가 일찍 일어나기를 바라는가?**
> 부지런한 사람은 성공하고, 게으른 사람은 성공하지 못한다는 신념 때문이다.

▶ 자녀를 일찍 일어나게 하려면 내가 무엇을 해야 할까?

잔소리는 행동 변화에 백해무익하다. 아이 스스로 경험을 통해 깨닫게 해야 한다. 늦게 일어나 지각을 하고, 불이익을 받으며 스스로 시간을 운용해봐야 시간의 가치를 깨닫는다.

▶ 결론

자녀의 시간 관리에 개입하지 않았다. 엄마의 개입이 없으니 자녀는 점점 자기 삶에 책임을 부여한다. 아침밥은 같은 시간에 매일 차려놓는다. 늦게 일어나 못 먹고 갈 때는 부모에게 미안함을, 일찍 일어나 밥을 먹을 때는 감사함을 느낀다.

자녀의 역할을
강요하지 마라

내가 유아교육과를 갓 졸업한 신입 교사였을 때 학부모 상담을 하게 되었다. 아이들의 유치원 생활은 쉽게 설명할 수 있었지만 엄마들이 원하는 자녀 지도 방법을 제안하는 것은 무척 어려웠다. 이후 학부모들과의 상담에서 전문성을 갖추기 위해 교육에 관련한 책을 읽고 강의를 들었다.

20대부터 자녀교육 상담으로 쌓아 온 경험은 부모교육 강사로서 부모 역할에 대해 명쾌한 코칭을 할 수 있게 해주었다. 자녀가 말을 안 들어서, 책을 안 읽어서, 편식해서, 내성적이라서 등등의 이유로 힘들어하는 부모들에게 그동안 쌓은 지식으로 속 시원한 처방을 내려주었다.

하지만 사춘기 전까지는 부모의 권위만으로 부모 역할이 가능한 시기며, 그 시기에 부모 역할을 제대로 해두지 않으면 사춘기에 부모와 자녀 모두 힘들어진다는 것을 그때는 몰랐다. 엄마가 되어 직접 아이를 사춘기까지 키워보니 지금껏 전문가로서 당당히 알려주었던 부모의 역할이 부모로 하여금 자녀로서의 역할을 강요하도록 했다는 걸 깨달았다.

사춘기 이후의 부모 역할은 사춘기 전에 부모 역할이 힘든 것과는 비교가 안 될 정도다. 어떤 부모는 '복수 당한다'는 표현을 쓸 만큼 힘들어한다. 사춘기 자녀를 둔 부모가 힘든 이유는 행동의 문제뿐만 아니라 심리적 문제 때문인 경우가 많다. 자녀의 우울증, 무기력증, 등교 거부, 학교폭력, 부적응 등으로 힘들다는 부모들을 상담하면서 지금까지의 부모교육이 자녀의 행동 교정에 초점이 맞춰졌다는 점, 그리고 이것이 더 큰 문제를 일으킨다는 점을 깨달았다. 아이 때문에 부모가 힘들다고 하지만, 한창 무엇이든 꿈꾸고, 밝고 희망차야 할 때 우울한 가슴으로 사는 아이의 아픈 마음에 비할까?

교사로 교실에서 아이들을 가르치는 것과 엄마로 가정에서 자녀를 키우는 것이 다르듯, 부모 역할을 코칭하는 것과 직접 부모 역할을 하는 것은 천지 차이다. 아이들은 방법과 기술로 키우는 게 아니었다. 사람은 가슴으로 키운다. 가슴으로 길러진 아이는 인성, 미덕, 사랑, 연민 등의 성품이 함께 성장한다.

✱ 자녀 역할을 강요하는 부모의 2가지 문제

내가 살펴본 요즘 부모 역할의 문제점은 크게 2가지다. 첫째는 부모가 자녀의 행동을 통제한다는 점이다. 말로는 자녀가 건강하고 바르게 자라는 것 외에 바라는 게 없다고 하면서 부모들은 자기만의 기준으로 자녀의 행동을 바꾸려고 한다. 그러면서 좋은 환경에서 하라는 대로만 하면 되는데 왜 자기 뜻대로 따라오지 않는지 부모는 이해하지 못한다.

아직 옳고 그름의 기준이 명확하지 않은 아이에게 올바른 행동이 무엇인지 가르치는 것은 반드시 필요하다. 하지만 가르침과 통제는 전혀 다르다. 통제는 명확한 기준 없이 부모의 생각을 강요하는 것이고, 가르침은 논리를 통해 아이가 변화의 필요성을 이해하고 스스로 행동하게 하는 것이다. 자녀에게 가르침을 준 후에는 아이가 변화를 받아들일 수 있는 시간을 주자.

어른들도 한순간에 행동을 변화시키지 못한다. 자녀가 잘못된 행동을 되풀이하더라도 믿고 묵묵히 기다려주는 것 또한 부모의 역할이다.

부모가 자녀의 행동을 통제할 때 생기는 문제로 '감정 외면'이 있다. 행동 변화에 초점을 맞추면 그 이면에 있는 감정을 등한시하게 된다. 부모에게 감정을 외면당한 아이는 스스로 감정을 외면하는 습관이 생기고, 더불어 자존감도 위축된다. 해결되지 못한 감정과 위축된 자존감은 결국 사춘기 반항으로 나타난다. 자녀가 사춘기에 안정적으로 자립하기를 바란다면 자녀의 감정 상태를 면밀히 살펴야 한다.

두 번째 부모 역할의 문제점은 올바른 부모 역할은 하지 않으면서 스스로 잘하고 있다고 착각하는 것이다. 사춘기 자녀의 방황으로 힘들어하는 부모들과 상담하면서 공통점을 발견했다. 자신의 역할에 대한 성찰은 제대로 하지 않으면서 자녀의 행동만 문제 삼는 것이다. "아이가 왜 그러는지 모르겠어요." "어떻게 하면 아이가 바뀔까요?"라며 원인도, 해결 방법도 아이의 행동 변화에서 찾는다. 하지만 정말 자녀의 문제이기만 할까?

'아이는 부모의 거울'이라는 말이 있다. 자녀의 모습에 부모의 모습이 투영된다는 얘기다. 자녀에게 나타나는 문제는 결국 부모의 문제인 것이다. 지금 자녀 문제로 어려움을 겪고 있다면 부모 자신의 모습을 먼저 돌아보길 바란다. 같은 맥락에서 부모가 자녀에게 바라는 모습이 있다면 부모 역시 그대로 행동하면 된다. 자녀가 성실히 공부하기를 바라면 부모도 성실히 부모 공부를 하고, 학교생활을 잘하길 바라면 부모도 직장이나 가정생활을 바르게 잘하면 된다.

많은 부모가 어린 시절에 그랬듯이 아이들은 부모가 가르치는 방법으로만 크지 않는다. 아무리 가르침이 옳아도 그대로 변화를 이끌어내는 것은 어려운 일이다. 이는 부모 역시 마찬가지다. "아이에게 소리치지 마세요." "잔소리하지 말고 아이의 말에 귀 기울여주세요." "아이의 마음에 공감해주세요." 등 부모 교육을 통해 얻은 가르침에 공감하면서도 여전히 소리를 지르고 잔소리하게 된다.

변화는 그 필요성을 경험으로 깨닫고 자기만의 방식으로 연습하면서 체득할 때 비로소 일어난다. 부모들도 올바른 방법을 알고 있지만 저마다의 방식으로 살아가는 것처럼 아이들도 자기만의 방식으로 살도록 자유를 주면 좋겠다. 자기 주도적으로 경험하며 배울 때 아이들은 더 단단하게 성장한다. 이것이 내가 생각하는 올바른 자녀의 역할이다.

✱ 자기 주도적인 아이로 키우는 부모의 대화법

 자녀를 자기 주도적으로 키우기 위해서는 부모의 태도와 함께 대화법이 바뀌어야 한다. 많은 부모가 '안 돼' '이번만이야' '5분만 해' '이렇게 하지 마' '저렇게 해' 같은 논리가 없는 통제어를 주로 사용한다. 그런데 조금 번거롭더라도 아이에게 말할 때는 반드시 그렇게 해야 하는 이유를 설명해줘야 한다. 왜 안 되는지, 왜 해야 하는지에 대한 논리를 알면 자기 기준이 생겨 자기 나름의 통제를 하기 시작한다.

 논리는 부모 개인의 요구가 아닌 도덕적인 면의 원칙이어야 한다. 예를 들면 나는 이동하는 중에는 자녀의 스마트폰 사용을 금지한다. 아이에게는 이동하는 차 안이나 거리에서 스마트폰을 사용하면 세상을 볼 기회를 놓치기 때문에, 위험한 상황으로부터 자기 안전을 지키는 데 주의를 기울이지 못하기 때문에, 시력이 떨어지기 때문에 등의 이유를 말해줬다. 하지만 그에 해당되지 않는 안전한 장소에서는 사용해도 괜찮다. 자녀에게 논리를 전달할 때 대화 방식은 첫째, 근거를 제시하고, 둘째 행동을 제한하고, 셋째, 그 외에 가능한 것에 대해 이야기해줘야 한다.

그러나 청소년이 되면 부모의 시선이 닿지 않는 외부에서의 행동까지 통제할 수 없다. 이때의 부모 역할은 자녀를 믿어주는 것이다. 아이는 버스를 타고 등하교를 하는데 이동 중에 스마트폰을 사용하는 듯하다. 그 사실을 눈치챘어도 감시하고 통제하려 들지 말자. 가끔씩 부모가 염려하는 이유를 상기시켜주면서 그렇게 행동하도록 믿어주자. 부모가 자신을 신뢰하는 걸 느낀 아이는 그 마음에 부합하고자 스스로를 돌아본다. 그 과정에서 자기 주도적인 삶의 태도를 키운다.

이제는 아이의 행복을 위해 자녀의 역할과 부모 역할에 대해 생각해야 한다. 자녀가 어떤 아이로 자랐으면 좋겠는지, 또 그렇게 성장하도록 돕는 부모의 역할은 무엇인지 깊이 고민해보길 바란다. 자녀의 역할을 가장한 부모의 욕심을 아이에게 지어주어서는 안 된다. 자녀 역할을 강요받은 아이는 자신의 의지가 아닌 부모의 욕심을 충족하기 위해 살아간다. 반면 부모의 신뢰와 지지 아래 성장하는 아이는 스스로 뭐든 해낼 수 있는 사람이라 믿으며 내면을 단단히 다져간다. 우리 아이가 어떤 삶의 태도를 가졌으면 좋겠는가? 이제 더 이상 아이들이 자녀 역할로 눈치 보고 힘겨워하지 않았으면 한다. 있는 그대로의 아이를 받아주고, 그 곁에 묵묵히 서 있는 버팀목 같은 부모가 되길 바란다.

SOLUTION

일상에서 자기 주도적 역량 키우기

사회는 자기 삶을 주도적으로 살아갈 역량이 있는 사람을 원한다. 자기 주도적으로 살기 위해서는 끈기, 열정, 집념, 회복탄력성, 자기 통제력 등 삶을 지혜롭게 살아가는 능력이 필요하다. 자녀 스스로 일상을 꾸려가도록 자율성을 부여하며 부모의 개입을 줄여나가자. 자녀 스스로 학교생활, 가정생활에서 주도권을 가질 수 있게 도와야 한다.

▶ 학교에서 자기 주도적으로 생활하기

학교생활은 자녀와 소통하면서 대략적으로는 알아야 하지만 섣불리 개입하면 안 된다. 문제 상황에 따라 다르지만 대개는 자녀가 스스로 해결할 수 있도록 지혜롭게 도와주자.

▶ 가정에서 자기 주도적 능력 키우기

가정생활은 더욱 개입하지 않고 스스로 하도록 둔다. 자기가 주로 사용하는 화장실 청소, 자기 방 청소, 설거지, 요리 등 할 수 있는 일은 스스로 하게 한다.

자신을 사랑해야
아이에게 사랑을 줄 수 있다

　유치원에 근무할 때 '사랑으로 가르치는 OO유치원, 사랑으로 가르치는 선생님'을 좌우명으로, 사랑을 교육의 모토로 삼았다. 스스로도 사랑으로 아이들을 교육하고 있다고 착각하며 열심히 교사로서 역량을 키웠다. 엄마가 되기 전까지는 내 안에 사랑이 없다는 걸 몰랐다.

　교육 현장에서 아이들을 가르치는 일을 10년 넘게 하면서도 몰랐던 사실을 아이를 낳아 기르는 몇 개월 만에 깨닫게 되었다. 내게는 아이들을 가르칠 지식은 있었지만 사랑은 없었다.

그래서 가르침은 줄 수 있어도 사랑은 줄 수 없었다. 가르치고 주는 것은 내가 그것을 가지고 있는 것을 전제로 한다. 나는 이 진리를 모른 채 어리석게도 누구보다 아이들을 사랑하고 잘 가르친다고 믿고 있었다.

사람을 가르친다는 것은 사랑을 바탕으로 해야 한다. 나이가 어릴수록 조건 없이 주는 사랑을 해야 한다. 영유아기는 조건 없이 주는 사랑, 초등기는 분별 있는 사랑, 사춘기는 믿음의 사랑, 성인기는 냉정한 사랑으로 시기마다 자녀에게 주는 사랑이 달라야 한다.

이제 와 돌이켜보면 유치원 교사, 원감으로서 가졌던 사랑으로 가르친다는 착각은 성공하고 싶다는 열망이 만들어낸 친절이었다. 나는 교사로서 성실했고, 친절했고, 살뜰히 보살폈고, 많이 안아주었고, 웃어주었다.

그런데 엄마가 되었을 때 무섭고 두려웠다. 자기 힘으로 젖꼭지를 빠는 것조차 힘들어하는 무력한 존재, 자기 의지 없이 팔다리를 버둥거리며 누워있는 존재, 내 배 속에 품고 다니던 귀한 존재에게 주어야 할 사랑이 없어서 두려워하고 있다는 것을 무의식은 알고 있었다. 그동안 누군가를 교육해온 것처럼 가르치면 되는 줄 알았다. 그러나 친절하게 가르칠 수는 있지만, 사랑은 가르칠 수 없었다. 사랑은 내가 가지고 있을 때 줄 수 있기 때문이다.

　내 무의식에 존재하는 엄마의 모습은 친정엄마가 유일했다. 엄마는 늘 바쁘고, 고된 상태였다. 엄마에게 따듯한 손길, 눈길, 언어를 배워야 했지만 흔적조차 느낄 수 없었다. 내게 사랑이 없다는 사실이 두렵고 무서워 엄마 자리를 내려놓고 원감 자리로 도망갔다. 직장에서 친절하게 교사들을 가르치고, 학부모를 상담하고, 아이들에게 상냥하게 웃어줬다. 그리고 집에 돌아와 딸을 만났을 때는 고된 상태가 돼 있었다. 내 무의식에 존재하는 엄마와 같은 모습이었다. 엄마로서 책임을 다하려 애썼지만 사랑을 주지는 못했다.

　자녀의 양육 문제를 상담하러 온 부모를 만나면서 자녀의 문제는 부모의 무의식에서 기인한다는 사실을 알게 되었다. 무의식에 사랑이 가득한 부모들은 이미 사랑으로 자녀를 키우고 있어 자녀 문제로 인한 갈등이 적다.

　무의식의 상태는 전문성이나 지식과 관계가 없다. 정신과 의사들조차 무의식의 상처로 힘들어한다는 이야기를 들었다. 자신의 무의식에 사랑이 없다면 자기 스스로 채우며 살아가면 된다. 그것을 '치유'라고 한다. 인간은 누구나 스스로를 치유할 힘을 가지고 있다. 그걸 모르고 살 뿐이다.

아이를 사랑으로 키우고 싶어 내 무의식에 사랑을 채우기 시작했다. "나는 나를 사랑해." "나는 내가 좋아." 하고 거울에 보이는 나를 보며 사랑 고백을 했다. 밝게 웃으며 "사랑해, 멋져, 모든 일이 잘 되고 있어." 무의식의 나에게 고백한다. 내가 나를 사랑하고 사랑이 채워질수록 점점 더 많은 것에 사랑을 줄 수 있게 되었다. 나의 엄마가 삶을 살아낸 방식으로 내가 삶을 살아가고 있었고, 엄마가 나를 대하던 방식으로 나를 대하고 있었다. 무의식적인 반응을 스스로 알아차리기는 어렵다. 그러니 내가 의식적으로 나의 무의식을 돌보려 노력해야 한다.

✱ 사랑이 부족한 아이가 보내는 신호

아이를 사랑으로 키우려면 부모가 자기 자신을 사랑해야 한다. 자기 안에 사랑이 충만한 사람들은 자기를 사랑하려 의도적으로 노력하지 않아도 된다. 지금 삶이 불행하다 느껴지고 불만족스럽다면 자기 안에 사랑이 부족하다는 무의식이 보내는 신호다. 마찬가지로 자식 때문에 걱정이거나 자식을 키우는 게 고달프다면 자녀의 무의식이 사랑이 부족하다고 엄마에게 보내는 신호라고 생각하자.

부모는 사랑하기 때문에 아이가 엇나가지 않도록 처벌하고, 통제하는 방식으로 가르쳐야 한다고 생각한다. 하지만 자식을 사랑하니까 혼낸다는 양육 방식은 아이가 죄책감을 느끼도록 한다. 죄책감은 자녀의 무의식에 남아 성인이 되어 열등감, 무력감, 자기 비하로 나타난다.

사랑이 있는 사람은 사람을 대할 때 처벌과 통제의 방식을 사용하지 않는다. 자녀를 양육할 때도 그 행동이 자녀의 안전을 해치기에 그렇게 해서는 안 된다고 설명하고, 당부한다. 부모가 주는 진심 어린 사랑을 받은 아이는 행동을 즉시 수정한다. 사랑은 사람을 변화시킨다.

내 안에 사랑이 차니 행동이 변하는 게 느껴진다. 자녀를 바라보는 눈길, 쓰다듬는 손길, 대하는 마음이 긍정적이며 평온해졌다. "사랑해."라는 말이 수시로 나온다. 내가 나에게 사랑한다고 자주 말해주니 다른 사람에게 사랑을 주는 것에도 익숙해졌다.

아이가 살면서 실수나 실패했을 때 자기를 바보, 멍청이라 비하하고, 어려운 과제에 도전해야 할 때 자기는 할 수 없다며 무능하게 여기고, 친구나 동료를 축하해주면서 속으로 자기를 열등하게 여긴다고 상상하면 정말 끔찍하다. 나 역시 지난날 나를 비난하고, 비하하며 살았기 때문에 그 감정이 얼마나 고통스러운지 안다. 그때는 몰라서 그렇게 살 수밖에 없었지만, 만약 과거로 돌아간다면 절대 그렇게 살지 않을 것이다. 훌륭한 엄마, 좋은 엄마는 못 되더라도 고통을 자녀에게 대물림하는 엄마이고 싶지는 않다.

인간의 가장 강력한 힘의 원천은 사랑이다. 자기를 사랑하는 사람은 자기를 절대 비천한 곳에 두지 않는다. 자신을 사랑하지 않고 아이를 사랑할 수 없으며 사랑으로 가르칠 수도 없다. 부모라면 하루 빨리 자신을 사랑하려는 노력을 시작하길 바란다. 한 번이라도 더 스스로 사랑한다고 말해주자. 처음에는 진심이 아닐 수도 있고, 어색할 수도 있다. 그래도 계속 습관적으로 사랑한다고 말하다보면 말의 힘은 어느새 진심으로 자신을 사랑할 수 있게 만들어준다.

부모가 자신을 사랑하게 되면 아이를 사랑으로 키우려 애쓰지 않아도 된다. 부모의 무의식에서 넘쳐나는 사랑이 자녀의 무의식으로 스며들게 된다. 그래서 나는 오늘도 나를 사랑한다.

SOLUTION
마음이 좋아지는 작은 행동 연습하기

작고 소소하지만 막상 해보면 마음이 좋아지는 행동들이 있다. 마음이 좋아지면 얼굴이 펴지고 말이 부드러워진다. 웃는 얼굴과 부러운 말로 자녀를 대하면 자녀의 마음도 더불어 좋아진다.

▶ 자신을 보며 활짝 웃기

화장실, 화장대, 옷장, 현관, 자동차 등 거울 앞에 잠시 멈춰서 거울에 비친 자기에게 활짝 웃어준다. 그리고 "사랑해." "넌 멋져." "잘하고 있어."라고 말해준다.

▶ 셀카 즐기기

스마트폰 카메라로 사진을 남기기 위해 밝은 표정을 지으면 덩달아 기분이 좋아진다.

▶ 예쁜 그릇에 식사하기

혼자 식사를 하더라도 예쁜 그릇에 담아 먹으면 스스로를 대접하는 기분이 든다.

▶ 하루에 한 가지 좋아하는 일 하기

달콤한 커피 마시기, 책 읽기, 운동하기 등 별 거 아니지만 기분이 좋아지는 일을 한다.

불필요한 걱정은 아이를
불안하게 한다

부모는 자녀를 낳는 순간부터 걱정을 찾아 헤매는 '걱정 사냥꾼'이 된다. 말이 늦어도 걱정, 빨라도 걱정이다. 말이 늦은 건 그렇다 쳐도 말이 빠른 게 왜 걱정일까 싶지만 의외로 이 문제로 걱정하는 부모들이 많다. 말이 빠르면 또래 아이들과 못 어울릴까, 말이 빠르지만 상황 분별력이 미흡해 말 실수를 할까, 언어 재능을 어떻게 키워 줘야 할까 등등 그 종류도 다양하다. 그것뿐이겠는가. 영유아기가 지나면 초등기의 걱정을 찾고, 사춘기 걱정을 찾고, 대학만 들어가면 끝날 것 같더니 취업 걱정,

결혼 걱정을 한다. 부모들은 생명을 다하는 순간까지 걱정 사냥꾼의 역할을 투철한 사명감으로 해낸다.

걱정의 다른 말은 '기대'다. 걱정이 많다는 것은 곧 기대가 많다는 의미다. 하지만 부모의 기대는 자녀들의 마음에 빚을 지운다. 부모의 기대를 충족하지 못했다는 사실에 자녀들은 죄책감을 갖는다. 많은 부모가 믿음과 기대를 혼동한다. 따라서 두 개념을 명확히 할 필요가 있다. "저는 아들이 좋은 대학에 갈 거라 믿어요."라는 말에서 '좋은 대학'이 자녀를 향한 부모의 기대다. 흔히 하는 "널 믿어."라는 말에서 '믿는다'는 표현에는 부모가 정해놓은 높은 기준의 기대가 내포돼 있다.

우리가 자꾸 기대를 하는 이유는 결과에 집중하기 때문이다. 결과에 집중하면 마음이 조급해진다. 그러면 결과에 집착하며 현재에 집중하지 못하고 최선을 다할 수 없게 된다. 좋은 결과를 내지 못할까 봐 불안하고, 원하는 결과를 얻지 못했을 때는 불안의 크기만큼 좌절한다. 기대는 걱정을, 걱정은 불안을, 불안은 좌절을 낳는다.

걱정에서 벗어나기 위한 가장 쉬운 방법은 기대가 인생에 악영향을 미치는 원리와 근거 없는 걱정으로 자녀를 힘들게 하고 있었다는 사실을 인정하는 것이다. 그리고 미래 말고 지금 여기서 할 수 있는 것으로 시선을 돌려야 한다. 신학자 라인홀드

니부어 Reinhold Niebuhr 가 쓴 기도문 '평온을 비는 기도'에 이런 말이 나온다. '바꿀 수 없는 것을 받아들이는 평온함과 바꿀 수 있는 것을 바꿀 용기'. 이 인생의 진리는 자녀교육에서도 통한다. 자녀를 도울 방법이 있다면 실행하면 된다. 하지만 어찌할 수 없는 일에 대해서는 받아들이고 삶의 흐름에 맡긴다. 최선을 다했다면 결과를 기쁘게 받아들이면 된다. 이러한 부모의 작은 생각이 자녀의 인생 방향을 결정한다.

갚아도 갚아도 끝이 없는 빚을 지고 사는 자식의 인생을 상상해보자. 끔찍하지 않은가. 그렇다면 부모가 아이에게 지우는 마음의 빚은 어떤가. 부모의 기대가 자녀의 마음에 빚으로 남는다는 사실을 잊지 말자. 진정한 믿음은 자녀 스스로 자신의 길을 선택하고 부모는 자녀의 선택이 무엇이든지 그 과정을 응원하고 격려하는 것이다. 이제는 기대를 믿음으로 바꾸면 어떨까. 아이들을 진심으로 믿게 되는 순간 자녀와의 관계는 평안해지고 걱정으로부터 자유로워진다.

✱ 아이와 신뢰 관계를 쌓는 대화법

부모가 걱정 사냥꾼이면 자녀도 걱정 사냥꾼으로 살게 된다. 자녀가 죄책감에 짓눌린 삶을 살게 하지 않으려면 당장 걱정을 멈추고 지금 할 수 있는 일에 집중하자. 부모가 믿어주면 자녀는 알아서 자기의 길을 간다.

딸아이는 비교적 주도적으로 일상을 살아간다. 공부와 생활, 모든 면에서 스스로 알아서 하는 편이다. 아이의 자율성과 주도성을 키우는 데 집중한 내 교육관 때문인 것 같다. 하지만 부모로서 기대를 완전히 비워내는 건 내게도 쉬운 일이 아니다. 자꾸 부족한 부분에 시선이 가고 잔소리를 끊지 못한다. 지금도 매일 자녀에 대한 기대를 비우고, 믿음을 채우려 노력하는 중이다. 그렇다면 어떻게 부모 스스로 믿음을 키우고, 부모가 자신을 믿고 있음을 아이가 느끼게 할 수 있을까?

진실은 모든 것을 통하게 한다. 아이와의 대화에서 진실하게 말하려 노력하자. 자녀의 부족한 점을 지적하려 하지 말고 잘하고 있는 점을 알아주며 "이렇게 믿고 기다리면 스스로 하는 데 말이야. 엄마가 한 잔소리는 쓸데없는 걱정이었어."라고 진심을 담아 말해주자. 아이는 으쓱해하며 스스로에 대한 믿음을 키운다. 아이를 응원하고 격려해야 할 때는 지체하지 말고 직접적으로, 바로바로 솔직한 생각을 말해 부모의 진심을 느끼게 하자. 반드시 유념해야 할 건 자녀가 들을 수 있는 상황에서는 절대 자녀의 부족한 부분이나 걱정, 기대하는 말을 삼가야 한다는 점이다.

또 하나의 방법은 제3자를 통해 자녀를 격려하는 것이다. 부모의 대화, 가족과의 대화에서 자녀의 삶의 태도를 응원한다. 딸이 들을 수 있는 상황에서 자연스럽게 말한다. "우리 딸이 요즘 자기 이불 정리 하는 거 알아요? 작은 일인데도 꾸준히 하는 게 참 대견해요."라며 변화된 행동을 자랑스러워한다. 이런 말들이 쌓여 자녀의 마음에는 '엄마가 나를 믿고 있구나' 하는 믿음이 뿌리내린다. 사람은 누군가 자기를 믿어주면 더 믿음직스러운 행동을 하려 한다.

걱정해서 될 일이면 걱정을 하면 된다. 걱정해서 될 일이 아니면 걱정은 가치가 없다. 부모로서 아예 자식 걱정을 하지 않을 수는 없지만 지나친 걱정을 주의하고, 자녀에게 믿음을 주는 부모가 되길 바란다. 부모가 자신을 믿고 있다 느끼면 자녀도 자신을 믿게 된다. 자신에 대한 믿음은 스스로를 잘 키워나가는 자본이 된다.

SOLUTION

부정적인 말을 자제하는 연습하기

걱정, 불안 등 부정적인 생각은 부정적인 말을 수반한다. 아시리아 설화에 나오는 무시무시한 격언이 있다. 'The word is mightier than the sword(말은 칼보다 강하다).' 말에는 강력한 힘이 있다는 뜻이다. 의도하지 않았더라도 내 걱정과 불안이 말을 부정적으로 바꾸고 있을지도 모른다. 가정의 행복을 위해서라도 이는 필사적으로 고쳐야 한다.

▶ **부정적인 표현 자제하기**

우리는 일상에서 쉽게 '배고파 죽겠다' '힘들어 죽겠다' '웃겨 죽겠다' '좋아 죽겠다'처럼 무심히 '죽겠다'는 말을 사용한다. 부정적인 표현을 빼고 '배고프다' '힘들다' '웃기다' '좋다' 같이 사실만 말하는 연습을 하자. 말의 힘은 우리가 생각하는 것보다 훨씬 강하다.

좋은 부모는
없다

 학창 시절에는 다정한 부모를 만나 성격이 좋아 보이는 친구들이, 유치원 교사일 때는 성품이 올바른 원생들의 가정 환경이 부러웠다. 부모를 잘 만나 어릴 때부터 좋은 환경에서 사는 아이들이 부러웠다. 그래서 우리 아이에게도 그런 환경을 만들어주는 좋은 부모가 되고 싶었다.

 아이를 낳은 후부터는 그 열망이 더 커져 늘 애쓰며 살았다. 하지만 지금 와서 돌이켜보면 '좋은 부모'에 대한 명확한 기준도 없이 고민만 했던 것 같다. '좋은 부모란 무엇인가?' '좋은 부모로 살고 있는가?'라는 질문에 대한 내 답은 '모르겠다'였다. 생각하지 않는 아이들이 모든 질문에 '몰라요'라고 답하는 것처럼 나 역시 그러고 있었다. 뭘 해야 할지는 잘 모르겠지만 어쨌든 뭐든 열심히 하고 있었다. 왜냐하면 좋은 부모가 되고 싶으니까.

좋은 부모가 되려는 욕심은 불안으로 작용한다. 조금이라도 못해주거나 놓치는 것이 없는지 눈치를 보고 살핀다. 아마 부모교육을 공부하지 않았다면 나 역시 다른 부모와 마찬가지로 사교육 시장에 뛰어들었을 것 같다. 다행히 그런 우를 범하지는 않았지만 좋은 부모인가는 늘 고민스러웠다.

자녀가 중학생이 된 후에는 입시 설명회를 가기도 한다. 아이가 고등학교를 선택할 때 의논 상대가 되어주기 위해서다. 인생을 살아가며 큰 선택을 할 때는 어른의 지혜가 필요하다. 아이가 도움을 요청할 때 조금이라도 도움이 되고자, 끝없이 좋은 부모가 되고자 노력한다.

2025년부터 고교 입시가 학점제로 바뀐다. 대학 입시는 고등학교 생활과 내신 성적이 바탕이기 때문에 고등학교 생활을 위해 무엇을 준비해야 할지 가늠하고 싶었다. 그런데 내가 기대했던 학교생활이나 활동에 대한 얘기는 없었다. 입시 설명회의 핵심은 내신 관리였다. 결국 공부다. 입시 설명회에서 아이들의 현실을 맞닥뜨리니 막연히 공부 열심히 하고, 학교생활 열심히 하라는 어른들의 말이 미안해진다. '공부의 무게에 짓눌려 불안한 현실로부터 도망가는 곳이 스마트폰이겠구나' 라는 생각에 안쓰러웠다.

친구들과 놀 궁리를 하고, 미래를 꿈꿔야 할 요즘 청소년들의 가장 큰 고민은 '직업'이라고 한다. 세상은 빠르게 변하고 직업이 사라지고 생겨나는 속도도 점점 빨라진다. 요즘은 기본적인 학업에 적성과 진로를 찾는 교육이 추가되어 아이들의 스트레스가 가중되었다. 다양한 경험과 우정으로 채워져야 할 아이들의 시간이 직업과 공부 고민으로 채워지는 게 안타깝다. 아이들은 스트레스를 당연하게 받아들이면서 꾸역꾸역 버티는 중이다. 좋은 직장에 가기 위해, 좋은 자녀가 되기 위해 말이다. 입시 설명회를 다니면서 좋은 부모가 되려 할수록 아이들의 희생을 키운다는 것을 깨달았다.

왜 좋은 부모가 되고 싶은가? 본질을 잊은 바람은 욕심 혹은 욕망일 뿐이다. 부모의 욕심에는 자녀의 희생이 따른다. 좋은 부모가 되기 위한 공부는 부모 자신을 성찰하는 데 쓰여야 한다. 하지만 실상 좋은 부모가 되겠다며 얻은 정보를 실현할 대상은 부모가 아니라 자녀들이다. 입시 설명회에서 구한 정보는 좋은 부모가 되기 위한 것인지, 아니면 좋은 자녀를 만들기 위한 것인지 생각해보게 한다.

　나는 좋은 부모뿐만 아니라 좋은 교사, 좋은 친구, 좋은 딸, 좋은 며느리, 좋은 강사, 좋은 아내가 되기 위해 애쓰며 살았다. 누군가에게 정말 좋은 존재가 되고 싶었던 것이 아니라 인정받고 싶었다는 걸 성찰을 통해 깨달았다. '좋은'에 집중하면 '나'는 없어진다. 마찬가지로 좋은 부모는 없다. 좋은 사람만 있을 뿐이다. 좋은 사람이 엄마를 하면 좋은 엄마가 된다. 좋은 사람이 교사를 하면 좋은 교사가 된다. 좋은 사람이 글을 쓰면 좋은 작가가 된다. 내가 좋은 사람이면 된다.

✱　자녀를 좋은 사람으로
　　키우기 위해

　좋은 사람은 어떻게 될 수 있을까? 좋은 생각이 좋은 태도를 만들고, 좋은 태도가 좋은 삶을 만들고, 좋은 삶이 좋은 사람을 만든다. 생각이 바뀌면 사람이 바뀐다. 생각을 바꾸는 데는 좋은 문장만 한 게 없다. 의식을 성장시키는 좋은 문장을 만나면 눈길이 자주 머무는 곳곳에 채워 넣는다. 매일 좋은 문장들을 보며 정을 붙인다. 좋은 문장의 힘을 느끼지 못하면 관성에 의해 원래 상태로 돌아가려 한다. 따라서 좋은 문장을 가까이하며 내 생각을 살피는 거울로 삼는다. 문장을 통해 지금 내 생각이 옳은지, 바꿔야 한다면 어떻게 해야 할지 돌아보게 된다. 거울에 옷차림이나 청결 상태를 확인하듯 내면 상태를 점검하는 것이다.

좋은 문장은 좋은 생각을 하게 한다. 그리고 좋은 문장이 모여 있는 것이 바로 책이다. 나는 좋은 문장을 만나기 위해, 좋은 사람이 되기 위해 매일 읽고 쓴다. 읽고 쓰기는 아무리 강조해도 지나치지 않다. 세상의 변화를 이끄는 사람들은 앞서서 생각하는 사람들이다. 그리고 많은 생각하는 사람들은 대부분 독서가들이며 독서의 중요성을 강조한다. 독서법은 학원에서 배울 수 있지만 생각은 학원이나 학교에서 배울 수 있는 게 아니다. 우리는 독서를 통해 타인의 생각을 배우고 내 생각과 비교하며 깨달음을 얻을 수 있다. 독서는 자신을 성찰하고 좋은 사람으로 성장하는 가장 좋은 방법이다.

자녀에게 좋은 태도를 가르치는 방법은 2가지다. 부모의 좋은 생각을 보여주는 방법과 스스로 좋은 생각을 하도록 하는 방법이다. 부모로서 좋은 생각을 가꾸고 아이에게 보여주기 위해 매일 책을 읽는다. 자녀 스스로 좋은 생각을 할 수 있도록 읽는 즐거움을 가르친다. 사람은 누구든 자기를 좋은 방향으로 성장시켜야 한다. 자녀에게 좋은 부모가 되려 하지 말고 부모 자신이 좋은 사람이 되면 어느 순간 좋은 부모가 되어 있다. 좋은 부모는 없다. 좋은 사람만 있다.

SOLUTION
좋은 사람이 되기 위한 긍정 확언하기

"나는 못하겠어." "나는 원래 그런 사람이야." "아는데 잘 안 돼." 등 많은 부모가 스스로 부정하고 깎아내리는 말을 쉽게 한다. '아이는 부모의 거울'이라는 말이 있다. 나의 모습을 아이가 닮는다고 생각하면 자신을 부정적인 말에 가둬서는 안 된다.

긍정의 말을 통해 스스로 좋은 사람이라는 생각을 끊임없이 심어주자. 지금은 말한 대로 살지 못할지라도 언젠가는 말의 힘에 이끌려 좋은 사람이 된 자신을 발견할 것이다.

▶ **좋은 사람을 만드는 긍정 확언**
- (예) 나의 인생은 즐겁고 살만하며 잘 진행되고 있다.
- 온 우주가 나를 축복하고 모든 일이 잘되고 있다.
- 나의 주변에는 긍정적이고 좋은 사람들이 가득하다.
- 내 인생의 주인은 나다. 나는 내가 지킨다.
- 나는 나를 진심으로 사랑한다.
- 내가 가지고 있는 모든 것에 감사하다.

· 나는 어떤 상황도 해결할 수 있는 힘이 있다.
· 나는 있는 그대로 내가 참 좋다.
· 나의 모든 순간은 기쁨과 감사로 넘친다.

[에필로그]

가장 소중한 이 순간을
놓치지 않기를

　사춘기는 부모의 품을 떠날 채비를 하는 시기다. 껌딱지처럼 엄마 곁에 붙어 있던 때가 엊그제 같은데 사춘기가 되니 내가 한 번만 안아달라고 졸라야 한다. 엄마 손을 놓지 않아 힘들 때도 있었는데 사춘기가 되니 손을 잡으면 슬그머니 놓는다. 아이를 낳고 사춘기가 되기까지 어느새 10여 년이 훌쩍 지났다. 막상 떠나보낼 채비를 하니 더 해주지 못한 것, 덜 해야 했을 것들이 후회로 남는다. 더 많이 안아줄걸, 더 많이 놀아줄걸, 더 많이 이해할걸, 화내고 짜증 낼 시간에 한 번이라도 더 사랑한다고 할 걸 지난 시간이 아쉽기만 하다.

하지만 이제 와서 후회한들 과거로 돌아갈 수 없다. 더 늦기 전에 지금 여기에 행복이 있다는 걸 깨닫고 지금 당장 무엇이라도 해보자. 부모가 자녀의 성장에 영향을 미칠 시간이 얼마 남지 않았다. 성인기가 되면 아이들은 그동안 부모로부터 받은 영향력을 거름 삼아 자기 힘으로 살아야 한다.

자녀를 양육하는 일은 결코 쉬운 일이 아니다. 하지만 아이가 세상에 나온 것은 모두 부모의 책임이다. 힘들다고, 어렵다고 남의 손에 떠넘기지 말자. 자녀교육은 부모가 직접 해야 한다. 껍데기를 탈피하려는 번데기가 가여워 쉽게 빠져나올 수 있도록 틈을 벌려주면 번데기는 나비가 되지 못하고 죽어버린다. 번데기가 나비가 되려면 고통을 피할 수 없듯 사춘기는 누구나 겪어야 하는 성장통이다. 그 격변의 시기를 자신의 힘으로 잘 헤쳐갈 수 있도록 최선을 다해 돕는 것이 부모의 역할이다.

성숙한 부모가 성숙한 아이를 키운다. 가정에서의 성숙한 자녀교육이 자녀의 평생 길잡이가 된다는 걸 잊지 말자. 조급해하지 말고 하루에 한 걸음씩, 천천히 바른길로 걸어가면 된다. 이 책이 어렵고도 숭고한 길을 걸어가는 부모와 자녀들에게 든든한 나침반이 되어주길 진심으로 바란다.

초4부터 중3까지 건강한 사춘기를 위한 부모 수업
부모 말하기 연습

초판 1쇄 인쇄 2024년 3월 29일
초판 1쇄 발행 2024년 4월 5일

지은이 김하영

대표 장선희 **총괄** 이영철
책임편집 오향림 **기획편집** 현미나, 한이슬, 정시아
책임디자인 김효숙 **디자인** 최아영
마케팅 최의범, 김현진, 김경률
경영관리 전선애

펴낸곳 서사원 **출판등록** 제2023-000199호
주소 서울시 마포구 성암로 330 DMC첨단산업센터 713호
전화 02-898-8778 **팩스** 02-6008-1673
이메일 cr@seosawon.com
네이버 포스트 post.naver.com/seosawon
페이스북 www.facebook.com/seosawon
인스타그램 www.instagram.com/seosawon

ⓒ 김하영, 2024

ISBN 979-11-6822-275-5 13590

- 이 책은 저작권법에 따라 보호를 받는 저작물이므로 무단 전재와 무단 복제를 금지합니다.
- 이 책 내용의 전부 또는 일부를 이용하려면 반드시 저작권자와 서사원 주식회사의 서면 동의를 받아야 합니다.
- 잘못된 책은 구입하신 서점에서 바꿔 드립니다.
- 책값은 뒤표지에 있습니다.

서사원은 독자 여러분의 책에 관한 아이디어와 원고 투고를 설레는 마음으로 기다리고 있습니다. 책으로 엮기를 원하는 아이디어가 있는 분은 이메일 cr@seosawon.com으로 간단한 개요와 취지, 연락처 등을 보내주세요. 고민을 멈추고 실행해보세요. 꿈이 이루어집니다.